PROCESSO DO TRABALHO

organização **LEONARDO CASTRO**

série manuais de direito

EDGAR HERZMANN

CASA DO DIREITO

Copyright © 2023 by Editora Letramento
Copyright © 2023 by Edgar Herzmann

Diretor Editorial Gustavo Abreu
Diretor Administrativo Júnior Gaudereto
Diretor Financeiro Cláudio Macedo
Logística Daniel Abreu e Vinícius Santiago
Comunicação e Marketing Carol Pires
Assistente Editorial Matteos Moreno e Maria Eduarda Paixão
Designer Editorial Gustavo Zeferino e Luís Otávio Ferreira
Organizador Leonardo Castro
Coordenador Editorial Marcelo Hugo da Rocha

Conselho Editorial Jurídico

Alessandra Mara de Freitas Silva
Alexandre Morais da Rosa
Bruno Miragem
Carlos María Cárcova
Cássio Augusto de Barros Brant
Cristian Kiefer da Silva
Cristiane Dupret

Edson Nakata Jr
Georges Abboud
Henderson Fürst
Henrique Garbellini Carnio
Henrique Júdice Magalhães
Leonardo Isaac Yarochewsky
Lucas Moraes Martins

Luiz F. do Vale de Almeida Guilherme
Marcelo Hugo da Rocha
Nuno Miguel B. de Sá Viana Rebelo
Onofre Alves Batista Júnior
Renata de Lima Rodrigues
Salah H. Khaled Jr
Willis Santiago Guerra Filho

Todos os direitos reservados. Não é permitida a reprodução desta obra sem aprovação do Grupo Editorial Letramento.

Dados Internacionais de Catalogação na Publicação (CIP)
Bibliotecária Juliana da Silva Mauro - CRB6/3684

H582p   Herzmann, Edgar
         Processo do trabalho / Edgar Herzmann ; organizado por Leonardo
         Castro. - Belo Horizonte : Casa do Direito, 2023.
         192 p. ; 15,5cm x 22,5 cm. - (Série Manuais de Direito)

         Inclui bibliografia.
         ISBN 978-65-5932-322-7

         1. Direito processual do trabalho. 2. Direito trabalhista. 3. Manual de
         direito processual do trabalho. I. Castro, Leonardo. II. Título. III. Série.

         CDU: 349.2
         CDD: 344

Índices para catálogo sistemático:
1. Direito do trabalho 349.2
2. Direito trabalhista 344

LETRAMENTO EDITORA E LIVRARIA
Caixa Postal 3242 – CEP 30.130-972
r. José Maria Rosemburg, n. 75, b. Ouro Preto
CEP 31.340-080 – Belo Horizonte / MG
Telefone 31 3327-5771

É O SELO JURÍDICO DO
GRUPO EDITORIAL LETRAMENTO

APRESENTAÇÃO

De acordo com um dos dicionários online mais populares, o Dicio, *manual* compreende um "compêndio, livro pequeno que encerra os conhecimentos básicos de uma ciência, uma técnica, um ofício". A escolha do nome da série, portanto, não foi aleatório, ao contrário, traz em cada um dos volumes a premissa de apresentar um conteúdo mínimo, sem ser superficial, que todo o acadêmico de Direito precisa saber sobre as temáticas apresentadas.

A experiência editorial que nos cabe, depois de publicar mais de 100 livros jurídicos, aponta que o leitor nunca esteve tão interessado a consultar um material objetivo, didático, sem muita enrolação e que memorize as informações desde da primeira leitura. Ninguém deseja desperdiçar tempo com o irrelevante, não é? A partir deste contexto, reunimos professores especialistas em suas áreas e com muita prática em sala de aula para que os principais e mais relevantes temas estejam bem explicados nestas páginas.

A série não foi pensada, exclusivamente, para quem deseja enfrentar provas da OAB e de concursos, mas que preparasse para qualquer desafio que fosse levado pelo seu leitor, seja em seleções, seja em avaliações na faculdade. Com a organização do experiente professor Leonardo Castro, a **Série Manuais** promete um aprendizado além de sinopses e resumos. Bons estudos!

MARCELO HUGO DA ROCHA

Coordenador editorial.

1 TEORIA GERAL DO DIREITO PROCESSUAL DO TRABALHO

1.1. FONTES DO DIREITO PROCESSUAL DO TRABALHO — 11

1.1.1. FONTES FORMAIS — 11

1.1.2. FONTES MATERIAIS — 12

1.2. PRINCÍPIOS DO DIREITO PROCESSUAL DO TRABALHO — 12

1.2.1. PRINCÍPIOS CONSTITUCIONAIS — 12

1.2.2. PRINCÍPIOS DO PROCESSO DO TRABALHO — 14

2 AÇÃO TRABALHISTA — 16

2.1. ELEMENTOS DA AÇÃO — 16

2.2. CONDIÇÕES DA AÇÃO — 16

3 PROCESSO E PROCEDIMENTO — 18

3.1. PROCESSO E PROCEDIMENTO — 18

3.2. PROCEDIMENTO COMUM — 18

3.2.1. ORDINÁRIO — 18

3.2.2. SUMÁRIO — 19

3.2.3. SUMARÍSSIMO — 20

4 ATOS, TERMOS, PRAZOS PROCESSUAIS — 22

4.1. ATOS PROCESSUAIS — 22

4.1.1. COMUNICAÇÃO DOS ATOS PROCESSUAIS — 22

4.2. PRAZOS PROCESSUAIS — 23

4.2.1. CLASSIFICAÇÃO — 23

4.2.2. CONTAGEM — 24

4.2.3. SUSPENSÃO E INTERRUPÇÃO DOS PRAZOS — 24

5 NULIDADES PROCESSUAIS — 26

5.1. CONCEITO — 26

5.2. PRINCÍPIOS — 27

5.2.1. PRINCÍPIO DA INSTRUMENTALIDADE DAS FORMAS (OU FINALIDADE) — 27

5.2.2. PRINCÍPIO DA TRANSCENDÊNCIA — 27

5.2.3. PRINCÍPIO DA CONVALIDAÇÃO — 27

5.2.4. PRINCÍPIO DA CELERIDADE — 28

5.3. NULIDADE ABSOLUTA E RELATIVA — 28

6 PARTES E PROCURADORES — 31

6.1. SUJEITOS DO PROCESSO — 31

6.1.1. PARTES — 31

6.1.2. LITISCONSÓRCIO — 32

6.1.3. CAPACIDADE DA PARTE — 33

6.1.4. CAPACIDADE PROCESSUAL — 33

6.1.5. *JUS POSTULANDI* — 34

| 34 | 6.1.6. | REPRESENTAÇÃO POR ADVOGADO | 35 | 6.1.7. | OUTRAS REPRESENTAÇÕES |

38   7   INTERVENÇÃO DE TERCEIROS

| 38 | 7.1. | **ASSISTÊNCIA** | 38 | 7.3. | **DENUNCIAÇÃO DA LIDE** |
| 38 | 7.2. | **NOMEAÇÃO À AUTORIA** | 39 | 7.4. | **CHAMAMENTO AO PROCESSO** |

41   8   PETIÇÃO INICIAL

41	8.1.	**REQUISITOS DA PETIÇÃO INICIAL**	46	8.1.5.3.	NA AÇÃO EM QUE HOUVER PEDIDO SUBSIDIÁRIO, O VALOR DO PEDIDO PRINCIPAL:
41	8.1.1.	ENDEREÇAMENTO	46	8.1.5.4.	ALTERAÇÃO DO VALOR DA CAUSA DE OFÍCIO:
42	8.1.2.	QUALIFICAÇÃO DAS PARTES	47	8.1.5.5.	IMPUGNAÇÃO AO VALOR DA CAUSA NO PROCESSO DO TRABALHO:
42	8.1.3.	FATOS	47	8.1.5.6.	PARCELAS VENCIDAS E VINCENDAS:
42	8.1.4.	PEDIDO	48	8.1.5.7.	PEDIDOS IMPOSSÍVEIS DE SEREM QUANTIFICADOS:
44	8.1.5.	VALOR DA CAUSA			
45	8.1.5.1.	NA AÇÃO INDENIZATÓRIA, INCLUSIVE A FUNDADA EM DANO MORAL, O VALOR PRETENDIDO:	48	8.2.	**EMENDA À INICIAL**
46	8.1.5.2.	NA AÇÃO EM QUE OS PEDIDOS SÃO ALTERNATIVOS, O DE MAIOR VALOR:			

51   9   AUDIÊNCIA

51	9.1.	**PRESENÇA DO JUIZ E SERVIDORES**	57	9.9.1.	HAVENDO PLURALIDADE DE RECLAMADOS, ALGUM DELES CONTESTAR A AÇÃO:
51	9.2.	**REGISTRO DAS AUDIÊNCIAS**	57	9.9.2.	O LITÍGIO VERSAR SOBRE DIREITOS INDISPONÍVEIS:
52	9.3.	**AUDIÊNCIA DE CONCILIAÇÃO**			
53	9.4.	**AUDIÊNCIA DE INSTRUÇÃO PROCESSUAL**	58	9.9.3.	A PETIÇÃO INICIAL NÃO ESTIVER ACOMPANHADA DE INSTRUMENTO QUE A LEI CONSIDERE INDISPENSÁVEL À PROVA DO ATO:
53	9.5.	**AUDIÊNCIA DE JULGAMENTO**			
54	9.6.	**PREPOSTO**	58	9.9.4.	AS ALEGAÇÕES DE FATO FORMULADAS PELO RECLAMANTE FOREM INVEROSSÍMEIS OU ESTIVEREM EM CONTRADIÇÃO COM PROVA CONSTANTE DOS AUTOS:
54	9.7.	**AUSÊNCIA DO RECLAMANTE**			
55	9.8.	**PRESENÇA DO ADVOGADO E AUSÊNCIA DAS PARTES**			
57	9.9.	**REVELIA E CONFISSÃO**			

10 DEFESA DO RÉU

60	10.1.	**PRAZO**
60	10.2.	**DESISTÊNCIA DA AÇÃO**
60	10.3.	**APRESENTAÇÃO DE DEFESA PELO PJE ATÉ A AUDIÊNCIA**
61	10.4.	**TIPOS DE DEFESA**
61	10.5.	**EXCEÇÕES**
62	10.5.1.	EXCEÇÃO DE SUSPEIÇÃO E IMPEDIMENTO
63	10.5.2.	EXCEÇÃO DE INCOMPETÊNCIA TERRITORIAL
66	10.6.	**CONTESTAÇÃO**
66	10.6.1.	INEXISTÊNCIA OU NULIDADE DA CITAÇÃO
66	10.6.2.	INCOMPETÊNCIA ABSOLUTA E RELATIVA
67	10.6.3.	INCORREÇÃO DO VALOR DA CAUSA

67	10.6.4.	INÉPCIA DA PETIÇÃO INICIAL
67	10.6.5.	LITISPENDÊNCIA E COISA JULGADA
67	10.6.6.	CONEXÃO OU CONTINÊNCIA
68	10.6.7.	AUSÊNCIA DE LEGITIMIDADE OU DE INTERESSE PROCESSUAL
68	10.6.8.	INDEVIDA CONCESSÃO DO BENEFÍCIO DE GRATUIDADE DE JUSTIÇA
68	10.7.	**MÉRITO DA CONTESTAÇÃO**
68	10.7.1.	FATOS IMPEDITIVOS, MODIFICATIVOS OU EXTINTIVOS
68	10.7.2.	PRESCRIÇÃO
69	10.7.2.1.	PRESCRIÇÃO TOTAL E PARCIAL:
70	10.7.2.2.	INTERRUPÇÃO DA PRESCRIÇÃO:
71	10.8.	**COMPENSAÇÃO E DEDUÇÃO**
72	10.9.	**RECONVENÇÃO**

11 PROVAS

74	11.1.	**OBJETO DA PROVA**
74	11.2.	**ÔNUS DA PROVA**
76	11.3.	**MEIOS DE PROVA**
76	11.3.1.	DEPOIMENTO PESSOAL:

77	11.3.2.	TESTEMUNHAS:
78	11.3.3.	DOCUMENTOS:
79	11.3.4.	PERÍCIA:
80	11.3.5.	PROVA EMPRESTADA:

12 RAZÕES FINAIS, SENTENÇA E COISA JULGADA

82	12.1.	**RAZÕES FINAIS**
83	12.2.	**SENTENÇA**
83	12.2.1.	CONCEITO
84	12.2.2.	SENTENÇA DECLARATÓRIA
84	12.2.3.	SENTENÇA CONSTITUTIVA
85	12.2.4.	SENTENÇA CONDENATÓRIA

85	12.2.5.	ELEMENTOS FUNDAMENTAIS DA SENTENÇA
86	12.2.5.1.	RELATÓRIO
86	12.2.5.2.	FUNDAMENTAÇÃO
87	12.2.5.3.	DISPOSITIVO
88	12.3.	**JULGAMENTO CITRA, ULTRA E EXTRA PETITA**

88	12.4.	**COISA JULGADA**
89	12.4.1.	COISA JULGADA FORMAL
89	12.4.2.	COISA JULGADA MATERIAL

91 13 TEORIA GERAL DO RECURSOS

91	13.1.	**PRINCÍPIOS**
91	13.1.1.	IRRECORRIBILIDADE IMEDIATA DAS DECISÕES INTERLOCUTÓRIAS
92	13.1.2.	TAXATIVIDADE
93	13.1.3.	UNIRRECORRIBILIDADE OU SINGULARIDADE
93	13.1.4.	DUPLO GRAU DE JURISDIÇÃO
93	13.1.5.	FUNGIBILIDADE
94	13.1.6.	PRINCÍPIO DA DIALETICIDADE
95	13.1.7.	PROIBIÇÃO DA REFORMATIO IN PEJUS
95	13.2.	**PRESSUPOSTOS RECURSAIS**
95	13.2.1.	SUBJETIVOS OU INTRÍNSECOS
96	13.2.2.	OBJETIVOS OU EXTRÍNSECOS
104	13.3.	**JUÍZO DE ADMISSIBILIDADE**
105	13.4.	**EFEITOS DO RECURSO**

108 14 RECURSOS EM ESPÉCIE

108	14.1.	**EMBARGOS DE DECLARAÇÃO**
108	14.1.1.	CABIMENTO
108	14.1.2.	PRAZO
109	14.2.	**NECESSIDADE DE INTIMAÇÃO DA PARTE CONTRÁRIA**
109	14.3.	**OMISSÃO**
110	14.4.	**OBSCURIDADE**
110	14.5.	**CONTRADIÇÃO**
110	14.6.	**ERRO MATERIAL**
110	14.6.1.	EFEITOS INTERRUPTIVO
111	14.6.2.	EMBARGOS PROTELATÓRIOS
111	14.7.	**RECURSO ORDINÁRIO**
111	14.7.1.	CABIMENTO
112	14.7.2.	PREPARO
112	14.7.3.	EFEITOS DO RECURSO ORDINÁRIO
112	14.7.4.	PRESSUPOSTOS DE ADMISSIBILIDADE
113	14.7.5.	JUS POSTULANDI
113	14.8.	**RECURSO DE REVISTA**
113	14.8.1.	CABIMENTO
114	14.8.2.	EFEITOS DO RECURSO DE REVISTA
114	14.8.3.	PRESSUPOSTOS DE ADMISSIBILIDADE
114	14.8.4.	PREQUESTIONAMENTO
115	14.8.5.	IMPUGNAÇÃO DE TODOS OS FUNDAMENTOS DO ACÓRDÃO
115	14.8.6.	FATOS E PROVAS
115	14.8.7.	TRANSCRIÇÃO OBRIGATÓRIA DO TRECHO DA DECISÃO QUE NEGOU OS EMBARGOS DECLARATÓRIOS
117	14.8.8.	TRANSCENDÊNCIA
118	14.8.8.1.	INDICADORES DE TRANSCENDÊNCIA
119	14.8.8.2.	PASSO A PASSO NO EXAME DA TRANSCENDÊNCIA
120	14.8.8.3.	RECURSO DENEGADO PELO RELATOR

121	14.8.9.	RECURSO DE REVISTA NO RITO SUMARÍSSIMO
121	14.8.10.	RECURSO DE REVISTA NA EXECUÇÃO DE SENTENÇA
121	14.8.11.	RECURSOS REPETITIVOS
123	14.9.	**EMBARGOS NO TST**
124	14.9.1.	EMBARGOS INFRINGENTES
124	14.9.2.	EMBARGOS DE DIVERGÊNCIA
124	14.10.	**AGRAVO**
124	14.10.1.	AGRAVO DE PETIÇÃO
125	14.10.2.	AGRAVO DE INSTRUMENTO
126	14.10.3.	AGRAVO REGIMENTAL OU AGRAVO INTERNO
127	14.11.	**RECURSO ADESIVO**
128	14.12.	**RECURSO DE REVISÃO**
128	14.13.	**RECLAMAÇÃO CONSTITUCIONAL**

131 15 LIQUIDAÇÃO DE SENTENÇA

131	15.1.	**CONCEITO**
131	15.2.	**ESPÉCIES DE LIQUIDAÇÃO DE SENTENÇA**
131	15.2.1.	POR CÁLCULOS
132	15.2.2.	POR ARBITRAMENTO
132	15.2.3.	ARTIGOS (OU PROCEDIMENTO COMUM)
133	15.3.	**CORREÇÃO MONETÁRIA E JUROS DE MORA**
133	15.4.	**IMPUGNAÇÃO AOS CÁLCULOS**
134	15.5.	**SENTENÇA DE LIQUIDAÇÃO**

136 16 EXECUÇÃO DE SENTENÇA

136	16.1.	**PRINCÍPIOS**
136	16.1.1.	EFETIVIDADE
136	16.1.2.	MEIOS MENOS ONEROSOS PARA O DEVEDOR
136	16.1.3.	PATRIMONIALIDADE
137	16.2.	**IMPULSO OFICIAL PÓS-REFORMA TRABALHISTA**
138	16.3.	**CITAÇÃO PARA PAGAMENTO**
138	16.4.	**NOMEAÇÃO DE BENS À PENHORA**
139	16.4.1.	SEGURO GARANTIA JUDICIAL
140	16.4.2.	GARANTIA DA EXECUÇÃO OU PENHORA DE BENS EM RELAÇÃO ÀS ENTIDADES FILANTRÓPICAS E SEUS DIRETORES ATUAIS E ANTIGOS
142	16.5.	**EXCEÇÃO DE PRÉ-EXECUTIVIDADE**
143	16.6.	**PENHORA**
144	16.6.1.	BENS IMPENHORÁVEIS
145	16.6.2.	PENHORA DE IMÓVEIS
146	16.6.3.	PENHORA DE CRÉDITO
146	16.6.4.	PENHORA ON-LINE
147	16.6.5.	PENHORA DE FATURAMENTO
147	16.6.6.	PENHORA DE BENS INDIVISÍVEL
148	16.6.7.	PENHORA NO ROSTO DOS AUTOS
148	16.6.8.	APREENSÃO DA CNH DO EXECUTADO
149	16.7.	**AVALIAÇÃO DOS BENS PENHORADOS**

149	16.8.	**SUBSTITUIÇÃO DA PENHORA**
150	16.9.	**ORDEM DE PREFERÊNCIA**
151	16.10.	**GRUPO ECONÔMICO**
152	16.11.	**SUCESSÃO TRABALHISTA**
153	16.12.	**DESCONSIDERAÇÃO DA PERSONALIDADE JURÍDICA**
157	16.13.	**EXECUÇÃO PROVISÓRIA**
158	16.14.	**EXECUÇÃO CONTRA FAZENDA PÚBLICA E AUTARQUIAS**
159	16.15.	**EXECUÇÃO DE CONTRIBUIÇÃO PREVIDENCIÁRIA**
161	16.16.	**EMBARGOS À EXECUÇÃO**

162	16.16.1.	CABIMENTO
162	16.16.2.	MATÉRIAS
163	16.17.	**IMPUGNAÇÃO DO CREDOR**
163	16.18.	**EMBARGOS DE TERCEIROS**
164	16.19.	**AGRAVO DE PETIÇÃO**
165	16.20.	**ATO ATENTATÓRIO À DIGNIDADE DA JUSTIÇA E FRAUDE À EXECUÇÃO**
166	16.21.	**PRESCRIÇÃO INTERCORRENTE**
169	16.22.	**PROTESTO E INCLUSÃO DO DEVEDOR NOS ÓRGÃOS DE PROTEÇÃO AO CRÉDITO E BNDT**

172   17   EXPROPRIAÇÃO PATRIMONIAL

172	17.1.	**CONCEITO**
172	17.2.	**REMIÇÃO**
173	17.3.	**ADJUDICAÇÃO**
173	17.4.	**HASTA PÚBLICA**
174	17.4.1.	ARREMATAÇÃO
175	17.4.2.	PREÇO VIL E LANCE MÍNIMO

175	17.4.3.	PROIBIÇÃO DE ARREMATAÇÃO
175	17.4.4.	PREFERÊNCIAS NA ARREMATAÇÃO
176	17.4.5.	AUTO DE ARREMATAÇÃO
177	17.5.	**ALIENAÇÃO POR INICIATIVA PARTICULAR**

179   18   PROCEDIMENTOS ESPECIAIS

179	18.1.	**HOMOLOGAÇÃO DE ACORDO EXTRAJUDICIAL**
180	18.1.1.	PROCEDIMENTO:
181	18.1.2.	AUDIÊNCIA:
182	18.1.3.	ACORDO COM VÍCIO DE CONSENTIMENTO:
182	18.1.4.	SUSPENSÃO DOS PRAZOS PRESCRICIONAIS:
182	18.2.	**INQUÉRITO PARA APURAÇÃO DE FALTA GRAVE**

184	18.3.	**DISSÍDIO COLETIVO**
185	18.4.	**CONSIGNAÇÃO EM PAGAMENTO**
187	18.5.	**MANDANDO DE SEGURANÇA**
188	18.6.	**AÇÃO RESCISÓRIA**
190	18.7.	**AÇÃO CIVIL PÚBLICA**
190	18.8.	**AÇÃO ANULATÓRIA DE ATOS CONVENCIONAIS**

TEORIA GERAL DO DIREITO PROCESSUAL DO TRABALHO

1.1. FONTES DO DIREITO PROCESSUAL DO TRABALHO

Fontes do Direito são as bases fundamentais para todo o estudo jurídico. É onde o Direito emana, nasce, se forma.

As fontes podem ser primárias, onde estamos falando basicamente das leis propriamente ditas e secundárias, consubstanciadas nos costumes, jurisprudência, analogia, equidade e doutrina.

De todo modo, em que pese os mais diversos conceitos sobre fontes do Direito, é quase unânime a classificação das fontes do direito processual do trabalho em materiais e formais.

1.1.1. FONTES FORMAIS

Fonte formal é a norma propriamente dita, aquilo que está materializado na legislação de um determinado país. É aquilo que ganhou forma e que conhecemos como lei ou norma no sentido geral. Também podemos chamar de fontes positivadas no ordenamento jurídico brasileiro.

As fontes formais se dividem em três espécies, a saber:

Fontes formais diretas: é a lei em sentido amplo, como por exemplo a própria Constituição Federal de 1988 quando trata sobre direito e processo do trabalho e com seus princípios fundamentais de matéria trabalhista. A Constituição Federal trata diretamente sobre matéria processual trabalhista em seu art. 114, quando trabalha com as competências da Justiça do Trabalho, por exemplo.

Alguns exemplos de fontes diretas relativos ao Direito Processual do Trabalho:

× Consolidação das Leis do Trabalho – CLT;
× Código de Processo Civil – CPC;

× Lei de Execução Fiscal (6.830/80);

× Lei da Ação Civil Pública (7.347/85);

Fontes formais indiretas: encontramos as fontes indiretas na doutrina e na jurisprudência, as quais possuem um grande papel na interpretação, aplicação e aprimoramento do Direito.

O papel do Tribunal Superior do Trabalho – TST, por exemplo, é de fundamental importância para unificar o entendimento jurisprudencial sobre os mais diversos temas do direito processual trabalhista, a fim de facilitar a atuação dos operadores jurídicos, por meio das súmulas, assim como acontece com o Supremo Tribunal Federal – STF, o qual se debruça muitas das vezes em matéria trabalhista.

Fontes formais de explicitação: são a analogia, os princípios gerais do direito e a equidade. Exemplo típico está no art. 766 da CLT, o qual permite julgamento por equidade quando o dissídio versar sobre estipulação de salários.

1.1.2. FONTES MATERIAIS

São fontes externas que influenciam na criação e manutenção das normas jurídicas. Ou seja, são fatores sociais, políticos, econômicos, culturais e morais que influenciam, em determinado período histórico, a criação da norma.

1.2. PRINCÍPIOS DO DIREITO PROCESSUAL DO TRABALHO

Os princípios servem para organizar e manter a harmonia do ordenamento jurídico. São eles os responsáveis pela manutenção dos valores sociais de toda norma, servindo como alicerce de todo o sistema, irradiando sobre todas as normas uma compreensão, uma lógica e uma inteligência capaz se proporcionar aos operadores jurídicos condições de raciocinar o Direito de modo a lhe dá efetividade e sentido para sociedade.

Em matéria processual, temos os princípios constitucionais, os princípios gerais do direito processual e os princípios específicos do Direito Processual Trabalhista.

1.2.1. PRINCÍPIOS CONSTITUCIONAIS

a. Princípio da igualdade ou isonomia

Está previsto no art. 5°, caput, da CF, segundo o qual todos são iguais perante a lei, o que representa, para o direito processual, uma obrigação legal de paridade de armas no processo judicial, valorizando a dignidade da pessoa humana, o valor social do trabalho e a função social da empresa.

Esse princípio, aplicado ao processo judicial, está inserido no art. 7° do CPC, quando garante "às partes paridade de tratamento em relação ao exercício de direitos e faculdades processuais, aos meios de defesa, aos ônus, aos deveres e à aplicação de sanções processuais, competindo ao juiz zelar pelo efetivo contraditório."

b. Princípio do contraditório

Previsto no art. 5°, LV, da CF, este princípio garante a qualquer das partes de um processo judicial a possibilidade de manifestação sobre todos os pontos, fatos e alegações inerentes ao caso.

O art. 10 do CPC evidencia bem esse princípio constitucional quando aduz que o "o juiz não pode decidir, em grau algum de jurisdição, com base em fundamento a respeito do qual não se tenha dado às partes oportunidade de se manifestar, ainda que se trate de matéria sobre a qual deva decidir de ofício."

c. Princípio da ampla defesa

Materializado no art. 5°, LV, da CF, este princípio caminha de mãos dadas com o contraditório, pois não admite a existência e a continuidade de um processo judicial sem que seja dado a oportunidade de o réu se defender amplamente, podendo utilizar de todos os meios em direito admitidos para exercer sua defesa.

Na CLT, este princípio está previsto no art. 847.

d. Princípio do devido processo legal

Ninguém será privado da liberdade ou de seus bens sem o devido processo legal (art. 5°, LIV, CF). É o princípio no qual derivam todos os demais princípios constitucionais de ordem processual. Por isso, podemos chamá-lo também de devido processo constitucional.

e. Princípio da imparcialidade do juiz

O juiz não pode ter lado. O que não significa que ele deve ser neutro. Juiz não é neutro, mas deve ser imparcial.

O ponto fundamental está na atuação do juiz de forma a não macular o processo, favorecendo um lado no jogo processual. Isso feriria, inclusive, o próprio conceito de igualdade no tocante ao acesso à justiça.

f. Princípio do juiz natural

É o princípio que garante que ninguém será processado nem sentenciado senão pela autoridade competente (art. 5º, LIII, da CF). Isto é, afasta-se a criação de tribunais de exceção.

g. Princípio da fundamentação das decisões

Garante com que toda e qualquer decisão deva ser fundamentada, afirmando ainda mais a imparcialidade e o devido processo legal que deve imperar em qualquer processo judicial.

Esse princípio está previsto no art. 93, IX, da CF: "todos os julgamentos dos órgãos do Poder Judiciário serão públicos, e fundamentadas todas as decisões, sob pena de nulidade, podendo a lei limitar a presença, em determinados atos, às próprias partes e a seus advogados, ou somente a estes, em casos nos quais a preservação do direito à intimidade do interessado no sigilo não prejudique o interesse público à informação."

h. Princípio do duplo grau de jurisdição

Trata-se de um princípio implícito na Constituição Federal, em seu art. 5º, LV, quando assegura "aos litigantes, em processo judicial ou administrativo, e aos acusados em geral são assegurados o contraditório e ampla defesa, com os meios e recursos a ela inerentes."

1.2.2. PRINCÍPIOS DO PROCESSO DO TRABALHO

a. Princípio da primazia da realidade

Segundo o qual os fatos se sobrepõe às formalidades documentos. Em outras palavras, uma prova documental pode ter seu peso diminuído frente a um depoimento de uma testemunha que contradiz aquilo que está escrito e desconstitui um documento formal.

b. Princípio da conciliação

Aduz o art. 764 da CLT que "os dissídios individuais ou coletivos submetidos à apreciação da Justiça do Trabalho serão sempre sujeitos à conciliação. Para os efeitos deste artigo, os juízes e Tribunais do Trabalho empregarão sempre os seus bons ofícios e persuasão no sentido de uma solução conciliatória dos conflitos."

Inclusive, o próprio art. 831 da CLT determina que a validade de uma sentença depende da rejeição pelas partes da proposta de conciliação.

Assim, no processo do trabalho é obrigatório a proposta judicial de conciliação. É o que determina os artigos 846 e 850 da CLT:

Art. 846: Aberta a audiência, o juiz ou presidente proporá a **conciliação**.

Art. 850: Terminada a instrução, poderão as partes aduzir razões finais, em prazo não excedente de 10 (dez) minutos para cada uma. Em seguida, o juiz ou presidente renovará a proposta de **conciliação**, e não se realizando esta, será proferida a decisão.

c. Princípio da celeridade

O princípio da celeridade, além de ser um desdobramento do princípio da duração razoável do processo previso no inciso LXXVIII do art. 5º da CF, está claramente previsto no art. 765 da CLT: "os Juízos e Tribunais do Trabalho terão ampla liberdade na direção do processo e velarão pelo andamento rápido das causas."

+ EXERCÍCIOS DE FIXAÇÃO

01. (CIEE – 2019 – TRT 10ª Região DF e TO) Previsto no artigo 791 da Consolidação das Leis do Trabalho, o princípio _____ confere a empregados e empregadores litigar na Justiça do Trabalho sem assistência de advogado. Assinale a alternativa que preenche corretamente a lacuna.

A) da oralidade

B) do jus postulandi

C) da informalidade

D) da conciliação

02. (VUNESP – 2019 – Prefeitura de São José dos Campos-SP) São fontes formais do direito processual do trabalho:

A) as convenções e os acordos coletivos de trabalho.

B) as leis federais e a Constituição Federal.

C) as leis federais, estaduais e municipais.

D) a Constituição Federal e as convenções coletivas de trabalho.

E) as leis estaduais e a jurisprudência dos Tribunais Regionais do Trabalho.

» GABARITO

01. B
02. B

2 AÇÃO TRABALHISTA

2.1. ELEMENTOS DA AÇÃO

Ação é o exercido do direito subjetivo em face de outra pessoa, seja ela física ou jurídica, por quem possui capacidade processual para invocar a tutela jurisdicional do Estado, mediante algumas exigências legais que tornam esse direito possível.

Assim, é preciso preencher os elementos da ação: partes, causa de pedir e pedido.

Partes: são os personagens do processo, os titulares de direitos ou que por alguma razão tenham interesse material no caso. Esses formaram os sujeitos da ação. São as pessoas que figuram nos denominados polo ativo e passivo de uma demanda judicial. Em outras palavras, autor e réu, reclamante e reclamado, requerente e requerido.

Aquele que invoca a função jurisdicional é denominado autor ou reclamante. Aquele que responde pela ação é chamado de réu ou reclamado.

Causa de pedir: aqui mora a razão, os motivos pelos quais o autor ou reclamante decidiu pleitear alguma coisa contra o empregador numa demanda trabalhista. É a justificativa fática que levou ao pedido final.

No CPC temos clara exigência da causa de pedir (art. 319, III). Já na CLT essa exigência vem com outro nome, "uma breve exposição dos fatos" (art. 840, § 1º). Mas na prática representam a mesma coisa, só mudando a nomenclatura.

Pedido: é a parte objetiva da ação, onde o autor ou reclamante irá objetivamente dizer o que pretende e quanto vale esse pedido.

2.2. CONDIÇÕES DA AÇÃO

A ação, para ter seu andamento processual normal, precisa preencher algumas condições: possibilidade jurídica do pedido, legitimidade da parte e interesse processual.

Possibilidade jurídica do pedido: em que pese o CPC de 2015 não trazer mais a possibilidade jurídica do pedido como condição da ação, faz-se importante apresentar aqui para melhor contextualizar.

Significa que um pedido não pode estar sem amparo legal e não pode se tratar de um pedido proibido, tal como comissões de vendas de apostas clandestinas, jogo do bicho ou tráfico de drogas.

Legitimidade da parte: tanto o polo ativo quanto o passivo devem possuir legitimidade para formarem a relação jurídica processual de um processo. É nesse sentido que o art. 17 do CPC explica: "para postular em juízo é necessário ter interesse e legitimidade."

Assim, seja para propor uma reclamatória trabalhista, como para contestar, reconvir, intervir como terceiro ou fazer qualquer pedido no processo, é preciso ter legitimidade e interesse processual no caso.

Interesse processual: é a ligação que há entre os fatos narrados e a tutela jurisdicional pretendida. É a busca do direito material por meio do processo.

+ EXERCÍCIOS DE FIXAÇÃO

01. (Unesc – 2021 – PGM Criciúma-SC) "Ação é o direito de provocar o exercício da tutela jurisdicional pelo Estado, para solucionar dado conflito existente entre certas pessoas" (MARTINS, 2013, p. 235). Na ação (dissídio) devem conter elementos essenciais para que ela possa ser validamente aceita pela Justiça. Quanto aos elementos da ação trabalhista, assinale a alternativa que não condiz com eles:

A) Autor e réu.

B) Citação da parte adversa.

C) Motivos fáticos e jurídicos.

D) Solicitação para que o Estado dirima o conflito de interesses.

E) Atribuição de um bem jurídico ao postulante.

02. Com relação aos procedimentos nos dissídios individuais trabalhistas, julgue o item seguinte.

A reclamação trabalhista poderá ser verbal ou escrita e, nesse último caso, o pedido deverá ser certo, determinado e contar com a indicação de seu valor.

Certo

Errado

» GABARITO

01. B

02. Certo

PROCESSO E PROCEDIMENTO

3.1. PROCESSO E PROCEDIMENTO

Processo é o conjunto de atos praticados de forma organizada e previstos na legislação processual com o objetivo de entregar a prestação jurisdicional, até alcançar a coisa julgada.

Por outro lado, o procedimento é a forma como esses atos processuais serão executados e desenvolvidos dentro do processo.

Em linhas gerais, o processo é a somas de todos os atos praticados, já o procedimento é a forma como esses atos serão executados.

3.2. PROCEDIMENTO COMUM

No processo do trabalho, o procedimento comum se divide em ordinário, sumário e sumaríssimo.

3.2.1. ORDINÁRIO

É o procedimento mais usual no processo do trabalho e está regulado pelos artigos 837 ao 852 da CLT, e são aplicados para causas com valor acima de 40 salários-mínimos.

No procedimento ordinário, segundo dispõe o art. 843 da CLT, a ação deveria ser resolvida numa única audiência. Porém, na prática isso ficou inviável e a audiência passou a ser dividida em duas partes:

Audiência inicial: usada para tentativa de conciliação e para apresentação de contestação. Nela as partes devem se fazer presente, sendo facultado ao réu se fazer representar por um preposto que tenha conhecimento dos fatos, não havendo necessidade de o preposto ser empregado. O empregado também poderá ser representado pelo sindicato e nos casos de impossibilidade de comparecimento por doença ou qualquer outro motivo comprovadamente relevante, este poderá ser substituído por outro empregado que pertença à mesma profissão ou pelo sindicato.

O não comparecimento do reclamante importa no arquivamento do processo e o não comparecimento do réu importa revelia e confissão quanto à matéria de fato.

Após apregoada a audiência, o juiz irá propor a primeira proposta de acordo do processo (art. 846 da CLT). Caso seja inexitosa a tentativa de acordo, o réu terá 20 minutos para apresentar defesa oral ou, como acontece de costume, o réu apresentará sua defesa escrita (art. 847 da CLT).

As partes já saem da audiência de conciliação sabendo da data da audiência de instrução processual e o autor já sai com prazo para manifestação à contestação do réu.

Audiência de instrução: aqui também é obrigatória a presença das partes, sob pena de confissão quanto à matéria de fato. Isso porque, na audiência de instrução as partes deverão ser ouvidas, juntamente com as testemunhas, bem como se requer a procuração de provas técnica ou pericial.

Terminada a instrução, poderão as partes aduzir razões finais, em prazo não excedente de 10 minutos para cada uma. Em seguida, o juiz ou presidente renovará a proposta de conciliação, e não se realizando esta, será proferida a decisão (art. 850 da CLT).

3.2.2. SUMÁRIO

O procedimento sumário foi introduzido pela lei 5.584/70, aplicável às causas com valor de até dois salários-mínimos.

Uma característica importante nesse procedimento está no fato de que o juiz poderá dispensar o resumo do depoimento das partes na ata de audiência, desde que a demanda não exceda a duas vezes o salário-mínimo vigente. Assim, constará em ata apenas a conclusão que se chegou do juiz acerca da matéria de fato discutida nos autos. Isso está no § 3º do art. 2º da lei 5.584/70.

Outra característica muito importante é a impossibilidade de recursos das sentenças proferidas nos dissídios de até dois salários-mínimos, salvo se o tema versar sobre matéria constitucional, conforme aduz o § 4º do art. 2º da lei 5.584/70.

Cabe ressaltar também que o procedimento sumário não se aplica às causas em que figurem pessoa jurídica de direito público, pois as sentenças proferidas contra entidades dessa natureza estão sujeitas ao duplo grau de jurisdição obrigatório, devendo o processo ser remetido ao TRT da respectiva região para confirmação ou não da sentença.

Por fim, cabe dizer que é raro ver uma ação trabalhista tramitando pelo rito sumário.

3.2.3. SUMARÍSSIMO

O procedimento sumaríssimo foi inserido no processo do trabalho pela lei 9.957/2000, a qual introduziu os art. 852-A ao 852-I à CLT.

Assim, os dissídios individuais cujo valor não exceda a quarenta vezes o salário-mínimo vigente na data do ajuizamento da reclamação ficam submetidos ao procedimento sumaríssimo.

Porém, estão excluídas do procedimento sumaríssimo as demandas em que é parte a Administração Pública direta, autárquica e fundacional. Nesses casos, o processo terá que tramitar, obrigatoriamente, pelo procedimento ordinário.

Nesse procedimento os pedidos devem ser certos e determinado com a indicação do respectivo valor de cada pedido, sob pena de arquivamento da ação e condenação ao pagamento de custas.

A apreciação da reclamação deverá ocorrer no prazo máximo de quinze dias do seu ajuizamento, podendo constar de pauta especial, se necessário, de acordo com o movimento judiciário da vara do trabalho.

Não haverá citação por edital, devendo o autor diligenciar para indicar o correto nome e endereço do reclamado.

As demandas sujeitas a rito sumaríssimo serão instruídas e julgadas em audiência única, salvo nos casos do § 1º do art. 852-H.

Todas as provas serão produzidas na audiência de instrução e julgamento, ainda que não requeridas previamente. No tocante à prova oral, as testemunhas, até o máximo de duas para cada parte, comparecerão à audiência de instrução e julgamento independentemente de intimação. Só será deferida intimação de testemunha que, comprovadamente convidada, deixar de comparecer. Não comparecendo a testemunha intimada, o juiz poderá determinar sua imediata condução coercitiva.

É possível a produção de prova técnica (insalubridade ou periculosidade, por exemplo), nos termos do § 4º do art. 852-H.

Nesse procedimento é possível recorrer normalmente e opor embargos declaratórios. Apenas o recurso de revista que somente é cabível nos casos de violação à súmula do TST ou à Constituição Federal.

+ EXERCÍCIOS DE FIXAÇÃO

01. (Instituto Consuplan – 2022 – PGE-ES) No âmbito do processo do trabalho, é possível falar em três principais espécies de procedimentos processuais comuns: o procedimento ordinário com previsão nos Arts. 837 e seguintes da CLT; o procedimento sumaríssimo previsto nos Arts. 852-A a 852-I da CLT; e, por fim, o procedimento sumário que encontra previsão legal na Lei nº 5.584/1970, em seu Art. 2º e seguintes. Sobre o procedimento sumaríssimo, assinale a afirmativa correta.

A) Diante das peculiaridades do caso concreto, admite-se a citação da parte ré por edital.

B) Todas as provas serão produzidas na audiência de instrução e julgamento, ainda que não requeridas previamente.

C) É cabível nos dissídios individuais cujo valor não exceda a vinte vezes o salário-mínimo vigente na data do ajuizamento da ação.

D) As testemunhas, até o máximo de três para cada parte, comparecerão à audiência de instrução e julgamento independentemente de intimação.

02. Hélio está estudando sobre o procedimento sumaríssimo no processo do trabalho e se deparou com as seguintes afirmativas:

I. Tal procedimento será adotado nos dissídios individuais cujo valor não exceda a quarenta vezes o salário-mínimo vigente na data de seu ajuizamento, não podendo ser utilizado nas ações em que é parte a Administração pública direta, autárquica e fundacional.

II. Todos os meios de citação previstos poderão ser utilizados, inclusive citação por edital, incumbindo ao autor a correta indicação do nome e endereço do reclamado.

III. Somente é cabível o recurso de revista nas causas que adotarem tal procedimento por contrariedade à súmula de jurisprudência uniforme do Tribunal Superior do Trabalho ou à súmula vinculante do STF e por violação direta da Constituição Federal.

De acordo com a CLT, está correto o que se afirma APENAS em

A) I e II.

B) I e III.

C) II e III.

D) II.

E) I.

» GABARITO

01. B

02. B

4 ATOS, TERMOS, PRAZOS PROCESSUAIS

4.1. ATOS PROCESSUAIS

Atos processuais são todos os eventos do processo, seja aquele ato voluntário que ocorre por ato unilateral das partes (petição inicial, contestação, embargos, etc.), ou aqueles que ocorrem por atos bilaterais, como a suspensão consensual do processo ou um acordo.

Ainda, temos outros exemplos, tais como: atos do escrivão, chefe de cartório ou secretaria e do juiz.

A CLT trata dos atos, termos e prazos processuais nos artigos 770 a 782.

Os atos processuais serão públicos salvo quando o contrário determinar o interesse social, e realizar-se-ão nos dias úteis das 6 às 20 horas (art. 770 da CLT).

4.1.1. COMUNICAÇÃO DOS ATOS PROCESSUAIS

No processo do trabalho se utiliza a expressão notificação para designar tanto a citação quanto a intimação.

a. Citação:

Recebida e protocolada a reclamação trabalhista, o escrivão ou secretário, dentro de 48 horas, remeterá a segunda via da petição, ou do termo, ao reclamado, notificando-o ao mesmo tempo, para comparecer à audiência do julgamento, que será a primeira desimpedida, depois de 5 dias (art. 841 da CLT).

Essa notificação é realizada por meio de registro postal e exerce a função de citação (com é chamado no processo civil) e de intimação, pois no mesmo ato o réu já é intimado para comparecer em audiência para tentativa de conciliação ou apresentação de defesa escrita ou oral.

Importante mencionar que, no processo do trabalho, a notificação (citação) inicial não precisa ser pessoal, basta o encaminhamento via postal para o endereço correto do reclamado e qualquer pessoa poderá receber, independentemente de ser representante legal ou possuir procuração com autorização para receber citação.

A exceção a regra acima está nos casos em que a União, Estado, Distrito Federal ou municípios são réus. Nesses casos, a citação deverá ser entregue na pessoa do seu representante legal, por oficinal de justiça, nos termos do § 3º do art. 242 do CPC.

b. Intimação

Por força do art. 769 da CLT, aplica-se ao processo do trabalho o conceito de intimação definido pelo art. 269 do CPC, segundo o qual, intimação é o ato pelo qual se dá ciência a alguém dos atos e dos termos do processo.

4.2. PRAZOS PROCESSUAIS

Os prazos no processo do trabalho são contados em dias úteis, com exclusão do dia do começo e inclusão do dia do vencimento, nos termos do art. 775 da CLT.

Mudança trazida pela lei 13.467/2017 e inspirada no art. 219 do CPC: "Na contagem de prazo em dias, estabelecido por lei ou pelo juiz, computar-se-ão somente os dias úteis."

4.2.1. CLASSIFICAÇÃO

Quanto à sua natureza, os prazos podem ser **dilatórios** ou **peremptórios**.

Prazo **dilatório** ou prorrogáveis são aqueles que permitem com que o juiz prorrogue, a pedido da parte interessada, o prazo para a prática de algum ato. Exemplo disso é o prazo para manifestação de algum documento juntado pela parte contrária, onde a parte intimada poderá, antes de encerrar o prazo, requerer dilação.

Prazo **peremptório** ou fatais são aqueles derivados da lei, os quais não podem ser reduzidos pelo juiz. Exemplo disso é o prazo para interpor recurso ordinário, embargos declaratórios e agravo.

4.2.2. CONTAGEM

Permanece a regra de que os prazos começam a contar a partir da data em que for feita pessoalmente, da notificação, da data da publicação no edital, no jornal oficial ou no que publicar o expediente da Justiça do Trabalho, ou, ainda, daquela em que for afixado o edital na Vara ou Tribunal, respeitando a regra de iniciar apenas no primeiro dia útil subsequente (art. 774 da CLT).

4.2.3. SUSPENSÃO E INTERRUPÇÃO DOS PRAZOS

A **suspensão** do prazo ocorre quando a sua contagem é paralisada. Encerrada a causa de suspensão do prazo, este retoma a contagem no exato estado em que parou. Um prazo de 8 dias suspenso no terceiro dia, após a sua retomada, reiniciará no quarto até chegar no oitavo dia. Outro exemplo é o recesso forense de 20 de dezembro a 20 de janeiro (art. 220 do CPC e art. 775-A da CLT).

Diferentemente ocorre nos casos de **interrupção** do prazo. Aqui o prazo recomeça a sua contagem desde o primeiro dia. É como se ele nunca tivesse iniciado. Temos um exemplo clássico de interrupção do prazo: a oposição de embargos declaratórios. Nesse caso, o prazo de recurso recomeça sua contagem desde o primeiro dia.

+ EXERCÍCIOS DE FIXAÇÃO

01. (Instituto Consulplan 2022 – PGE-ES) Em Direito Processual, o prazo pode ser entendido como o período em que deve ser praticado o ato processual. Sobre os prazos processuais na sistemática processual trabalhista, assinale a afirmativa INCORRETA.

A) Com a Reforma Trabalhista (Lei nº 13.467/2017), a contagem de prazo em dias no Processo do Trabalho seguiu a disciplina dada pelo Código de Processo Civil, para considerar somente os dias úteis.

B) A notificação postal, no caso de o destinatário não ser encontrado ou de ter seu recebimento recusado, terá de ser obrigatoriamente devolvida ao Tribunal, pelo Correio, no prazo de quarenta e oito horas.

C) Suspende-se o curso do prazo processual nos dias compreendidos entre 20 de dezembro e 20 de janeiro (férias forenses coletivas), período no qual os juízes, os membros do Ministério Público, da Defensoria Pública e da Advocacia Pública e os auxiliares da Justiça também não poderão exercer suas atribuições.

D) Os Juízos e Tribunais do Trabalho terão ampla liberdade na direção do processo e velarão pelo andamento rápido das causas, podendo determinar qualquer diligência necessária ao esclarecimento delas. Assim sendo, faculta-se ao juiz do trabalho prorrogar um prazo não peremptório, pelo tempo estritamente necessário.

02. Vitor e Marília estão estudando juntos para um concurso público e se depararam com a seguinte questão referente a prazos processuais no processo eletrônico: o Acórdão que negou provimento a um recurso ordinário foi disponibilizado em 11/11 (6a feira), mas com data de 10/11 (5a feira). Sabendo-se que o dia 15/11 (3a feira) é feriado nacional e que em 14/11 haverá expediente normal no Tribunal Regional do Trabalho, a data final para interposição de recurso de revista será

A) 24/11.

B) 23/11.

C) 22/11.

D) 21/11.

E) 18/11.

» GABARITO

01. C

02. A

5 NULIDADES PROCESSUAIS

5.1. CONCEITO

Nulidade processual é a falta de requisitos legais necessários para validação do ato processual.

O processo necessita ter sido julgado por juiz imparcial e competente, assim como os direitos das partes dentro do processo precisam ser preservados, como por exemplo a garantia constitucional da ampla defesa e contraditório.

Além disso, a nulidade processual não impede a produção dos seus efeitos até que outra decisão venha e cesse seus efeitos. Essa outra decisão pode se dar pela via recursal no próprio processo ou até mesmo por meio de ação própria específica para cessar os efeitos da decisão nula.

Exemplo disso é a decisão judicial transitada em julgado que foi proferida por juiz incompetente para julgar a matéria ou impedido. Essa decisão produzirá seus efeitos enquanto não for desconstituída em ação rescisória, a ser julgada pelo respectivo tribunal.

A nulidade processual em âmbito trabalhista tem previsão nos artigos 794 ao 798 da CLT.

Nos processos sujeitos à apreciação da Justiça do Trabalho só haverá nulidade quando resultar dos atos inquinados manifesto prejuízo às partes litigantes (art. 794 da CLT). Na mesma linha é o art. 283, parágrafo único, do CPC, quando aduz que será aproveitado o ato praticado desde que não resulte prejuízo à defesa de qualquer parte.

26 PROCESSO DO TRABALHO

5.2. PRINCÍPIOS

5.2.1. PRINCÍPIO DA INSTRUMENTALIDADE DAS FORMAS (OU FINALIDADE)

De acordo com esse princípio, a prática de um ato processual de forma diferente daquela prevista em lei, desde que não gere nulidade, poderá ser convalidado pelo juiz caso a finalidade do ato seja alcançada.

Esse princípio está previsto no art. 795, 796 e 798 da CLT.

As nulidades não serão declaradas senão mediante provocação das partes, as quais deverão argui-las à primeira vez em que tiverem de falar em audiência ou nos autos (art. 795 da CLT).

A nulidade não será pronunciada quando for possível suprir a falta ou repetir o ato (art. 796 da CLT).

A nulidade do ato não prejudicará senão os posteriores que dele dependem ou sejam consequência (art. 798 da CLT).

5.2.2. PRINCÍPIO DA TRANSCENDÊNCIA

Segundo esse princípio, não haverá nulidade quando o ato não prejudicar qualquer das partes. Lembrando que aqui o prejuízo é processual, e não material ou financeiro.

Exemplo clássico da doutrina e da jurisprudência é o fato da pessoa citada por edital que espontaneamente comparece ao processo, participa da audiência e apresenta sua defesa tempestivamente, não poderá alegar depois nulidade por citação irregular, haja vista a ausência de prejuízo processual no tocante a sua defesa.

Outra situação é quando uma parte perdedora em primeiro grau recorre e apresenta uma preliminar de negativa de prestação jurisdicional e, ao julgar o recurso, o tribunal dá provimento no mérito e reverte a situação processual, tornando-a vencedora no processo. Nesse caso, o tribunal não analisará a preliminar de nulidade processual, pois não haverá prejuízos ao recorrente.

5.2.3. PRINCÍPIO DA CONVALIDAÇÃO

Princípio segundo o qual a parte deverá alegar nulidade na primeira oportunidade que tiver, seja em audiência ou nos autos. Se não o fizer, o ato será convalidado, é o que chamamos também de preclusão.

Esse princípio está expressamente previsto na CLT, em seu art. 795: "as nulidades não serão declaradas senão mediante provocação das partes, as quais deverão argui-las à primeira vez em que tiverem de falar em audiência ou nos autos."

Os advogados poderão em audiência, por exemplo, fazer uso do protesto antipreclusivo, aquele realizado em audiência onde o advogado pede para registrar seus protestos, devendo fundamentar com as razões de fato e de direito inerentes a nulidade requerida.

Esse princípio só se aplica aos casos de nulidade relativas, pois depende da manifestação da parte (autor, réu ou terceiro) para então haver uma provocação do juiz sobre o tema. Já nos casos das nulidades absolutas, não se aplica esse princípio, visto que nesses casos o juiz tem o dever se decretar de ofício, inclusive podendo ser alegado em qualquer fase do processo, em alguns casos.

A nulidade fundada em incompetência de foro deverá ser declarada *ex officio*. Nesse caso, serão considerados nulos os atos decisórios (§ 1º do art. 795 da CLT). Aqui o termo foro deve ser entendido no sentido de Justiça competente em razão da matéria, por exemplo: competência cível, criminal, trabalhista, etc, uma vez que a competência territorial é relativa e não poderá ser declarada de ofício.

5.2.4. PRINCÍPIO DA CELERIDADE

Também conhecido pelo nome de princípio da economia processual, este princípio está previsto no art. 796, *a*, da CLT: a nulidade não será pronunciada quando for possível suprir a falta ou repetir o ato.

Isso porque, o processo deverá tramitar de maneira rápida e eficiente.

5.3. NULIDADE ABSOLUTA E RELATIVA

Nulidade **absoluta** quer dizer invalidade total ou parcial do processo e não está sujeita à preclusão. Por ser matéria de ordem pública, as partes não podem dispor da nulidade absoluta, devendo ser decretada de ofício pelo juiz.

A incompetência absoluta, por exemplo, nos casos de sentença proferida por juiz incompetente, a consequência processual será a nulidade da decisão, pois a relação processual não se formou adequadamente, visto que deveria ser apreciada e julgada por outro juiz.

A nulidade **relativa** representa algo que pode ser corrigido, sanado ou convalidado pelas partes, pois exige manifestação da parte interessada e não pode ser pronunciado de ofício pelo juiz.

28 PROCESSO DO TRABALHO

Exemplo de nulidade relativa no processo do trabalho está na hipótese do art. 800 da CLT, que trata da exceção de incompetência territorial no prazo de cinco dia a contar da notificação, antes da audiência e em peça que sinalize a existência da exceção. Se a parte interessada não apresentar a exceção conforme o comando do referido artigo, o eventual vício será convalidado e o processo seguirá no local inicial.

E por fim, não se pode esquecer que qualquer nulidade processual, seja absoluta ou relativa, depende de apreciação e decisão judicial.

+ EXERCÍCIOS DE FIXAÇÃO

01. (FCC – 2022 – TRT-23ª Região MT) Considere as assertivas abaixo a respeito das nulidades no Processo do Trabalho.

I. O princípio que norteia a declaração de nulidade no Processo do Trabalho é o do não prejuízo ao reclamante, hipossuficiente na relação.

II. As nulidades só serão declaradas mediante provocação das partes em qualquer circunstância, devendo sempre ser alegada por escrito em razões finais.

III. A declaração de nulidade de um ato processual maculará todos os atos praticados posteriormente.

IV. Eventual nulidade só será declarada se não for possível suprir-se a falta ou repetir-se o ato. De acordo com o que prevê a Consolidação das Leis do Trabalho, está correto o que se afirma APENAS em

A) I e III.

B) II e IV.

C) IV.

D) II e III.

E) I, II e IV.

02. (FUMARC -2022 – TRT-13ª Região PB) Em relação às nulidades processuais no processo do trabalho, é INCORRETO afirmar:

A) A nulidade não será pronunciada, quando for possível suprir-se a falta ou repetir-se o ato.

B) A nulidade não será pronunciada, quando arguida por quem lhe tiver dado causa.

C) As nulidades não serão declaradas senão mediante provocação das partes, as quais deverão argui-las à primeira vez em que tiverem de falar em audiência ou nos autos. Caso não tenha manifestação das partes em tais oportunidades, é possível renovar a insurgência, em grau de recurso ordinário.

D) Nos processos sujeitos à apreciação da Justiça do Trabalho, só haverá nulidade quando resultar dos atos inquinados manifesto prejuízo às partes litigantes.

» GABARITO

01. C

02. C

6 PARTES E PROCURADORES

6.1. SUJEITOS DO PROCESSO

Os chamados sujeitos do processo são formados principalmente pelas partes (autor e réu) e o juiz. Porém, existem outras pessoas que fazem parte da relação processual, que também são considerados sujeitos do processo, tais como o oficial de justiça, secretários de audiências, diretores de secretarias, peritos, testemunhas, terceiros interessados e outros, bem como os advogados e o Ministério Público do Trabalho.

Dessa forma, sujeitos do processo são todas as pessoas que, de alguma forma, participam no processo.

6.1.1. PARTES

As partes são os sujeitos do processo que possuem interesse no deslinde da causa. De um lado temos uma pessoa física ou jurídica que demanda o Estado em busca de algum bem jurídico tutelado, e do outro a pessoa física ou jurídica contra qual o pedido é direcionado.

No processo do trabalho é comum chamar as partes de reclamante e reclamado, o que seria igual a chamar de autor e réu, demandante e demandado ou requerente e requerido.

Do ponto de vista processual, partes são as pessoas envolvidas nos fatos que levaram à reclamatória trabalhista. Uma pede a tutela jurisdicional, a outra responde pelo pedido.

Na fase de conhecimento do processo, chama-se autor e réu ou reclamante e reclamado. No recurso se chama da mesma forma que no processo civil, recorrente e recorrido, agravante e agravado, embargante e embargado. Na fase de execução se chama exequente e executado.

6.1.2. **LITISCONSÓRCIO**

Quando há numa mesma relação processual duas ou mais pessoas, seja no polo ativo (autores) ou no polo passivo (réus) do processo, temos o chamado litisconsórcio.

Assim, duas ou mais pessoas podem litigar, no mesmo processo, em conjunto, ativa ou passivamente, quando: I – entre elas houver comunhão de direitos ou de obrigações relativamente à lide; II – entre as causas houver conexão pelo pedido ou pela causa de pedir; III – ocorrer afinidade de questões por ponto comum de fato ou de direito (art. 113 do CPC).

Litisconsorte pode ser ativo ou passivo. O ativo ocorre quando duas ou mais pessoas pleiteiam no mesmo processo em face de outrem. O art. 842 da CLT traz essa possibilidade, quando afirmar que "sendo várias as reclamações e havendo identidade de matéria, poderão ser acumuladas num só processo, se se tratar de empregados da mesma empresa ou estabelecimento." Isso pode acontecer nos casos em que vários empregados de uma mesma empresa se juntam e formam um litisconsorte ativo facultativo.

O passivo, ao contrário, é quando uma pessoa ajuíza uma ação contra mais de um réu.

Porém, pode ocorrer também a figura do litisconsorte ativo e passivo ao mesmo tempo, que ocorre quando duas ou mais pessoas ajuízam uma ação em face de outras duas ou mais pessoas.

Lembrando que o litisconsorte pode se formar tanto no início do processo quanto no decorrer do processo.

O litisconsorte pode ser facultativo ou necessário. O facultativo é quando o deslinde do feito não depende da inclusão de todos os personagens da relação jurídica, isto é, ocorre nas hipóteses de não obrigatoriedade de inclusão no polo da ação.

Já o litisconsorte necessário deve ocorrer pela própria natureza da relação jurídica, sendo que a eficácia da sentença depende da citação de todos que devam ser litisconsortes (art. 114 do CPC).

Nos casos de litisconsórcio passivo necessário, o juiz determinará ao autor da ação que requeira a citação de todos que devam ser litisconsortes, dentro do prazo que assinar, sob pena de extinção do processo (parágrafo único do art. 115 do CPC).

Uma hipótese bem específica no processo do trabalho é o caso previsto no § 5º do art. 611-A da CLT, o qual determina que "os sindicatos subscritores de convenção coletiva ou de acordo coletivo de trabalho deverão participar, como litisconsortes necessários, em ação individual ou coletiva, que tenha como objeto a anulação de cláusulas desses instrumentos.

6.1.3. CAPACIDADE DA PARTE

Capacidade de ser parte significa estar habilitado para buscar direitos ou possuir obrigações. Sendo assim, toda pessoa pode ser parte num processo, ir à juízo e buscar ou contestar algo.

Inclusive, mesmo quem ainda não possui a maioridade civil ou até mesmo pessoas com condições mentais ou psicológica comprometidas podem ser partes, desde que estejam devidamente representadas por outras pessoas de acordo com as exigências da lei.

Não apenas as pessoas naturais podem ser partes num processo, mas também as pessoas jurídicas podem formar um polo processual, pois são sujeitos de direito e deveres, e podem demandar ou serem demandadas na Justiça.

6.1.4. CAPACIDADE PROCESSUAL

A capacidade processual diz respeito a capacidade de estar em juízo nos termos da lei civil. O art. 70 do CPC deixa isso claro, ao afirmar que "toda pessoa que se encontre no exercício de seus direitos tem capacidade para estar em juízo."

Ou seja, capacidade processual exige capacidade de praticar todos os atos da vida civil e ter condições de administrar seus bens.

Porém, existem situações em que a pessoa possui capacidade de ser parte, mas não possui capacidade processual. É o que acontece com os menores de 16 anos, os quais são considerados absolutamente incapazes nos termos do art. 3º do Código Civil.

Segundo a lei trabalhista (art. 402 da CLT), considera-se menor toda pessoa que tenha entre 14 e 18 anos. Essas pessoas podem demandar na Justiça do Trabalho, mas serão representados por advogado e um responsável nos casos de idade menor que 16 anos ou assistidos caso a idade seja entre 16 e 18 anos.

Outra possibilidade de alcançar a capacidade processual são os casos de emancipação, as quais possuem a capacidade civil plena.

Portanto, tendo capacidade civil plena, a pessoa também possui capacidade processual, podendo demandar ou ser demandado.

6.1.5. *JUS POSTULANDI*

O art. 791 da CLT deixa claro a dinâmica processual trabalhista do ponto de vista da capacidade postulatória (*jus postulandi*): "os empregados e os empregadores poderão reclamar pessoalmente perante a Justiça do Trabalho e acompanhar as suas reclamações até o final."

Isso significa que não há a obrigatoriedade de representação por advogado até a fase recursal (súmula 425 do TST), sendo necessário a atuação do profissional da advocacia a partir do recurso ao TST.

Outro ponto que merece atenção é o fato de que, mesmo com o advento do art. 133 da CF/88, o qual aduz que o advogado é essencial à administração da Justiça, o art. 791 da CLT continua vigente e não poderia ser considerado inconstitucional por não recepção da sua redação pela Constituição Federal de 1988.

Isso porque, o STF já decidiu nos autos da ADI nº 1.127-8 que a capacidade postulatória da parte, sem advogado, é possível nos juizados especiais e na Justiça do Trabalho.

6.1.6. REPRESENTAÇÃO POR ADVOGADO

Diferentemente do processo civil, a representação por advogado no processo do trabalho é uma faculdade da parte até o segundo grau de jurisdição (súmula 425 do TST).

É exatamente o que diz o § 1º do art. 791 da CLT: nos dissídios individuais os empregados e empregadores poderão fazer-se representar por intermédio do advogado, devidamente inscrito na Ordem dos Advogados do Brasil.

O que legitima o advogado a representar a parte no processo é a procuração, a qual deverá constar o nome e os dados do advogado, sob pena de não ser aceita. É o que diz a súmula 456 do TST:

> REPRESENTAÇÃO. PESSOA JURÍDICA. PROCURAÇÃO. INVALIDADE. IDENTIFICAÇÃO DO OUTORGANTE E DE SEU REPRESENTANTE. I – É inválido o instrumento de mandato firmado em nome de pessoa jurídica que não contenha, pelo menos, o nome do outorgante e do signatário da procuração, pois estes dados constituem elementosque os individualizam. II – Verificada a irregularidade de representação da parte na instância originária, o juiz designará prazo de 5 (cinco) dias para que seja sanado o vício. Descumprida a determinação, extinguirá o processo, sem resolução de mérito, se a providência couber ao reclamante, ou considerará revel o reclamado, se a providência lhe couber (art. 76, § 1º, do CPC de 2015). III – Caso a irregularidade de representação da parte seja constatada em fase recursal, o relator designará prazo de 5 (cinco) dias para que seja sanado o vício. Descumprida

a determinação, o relator não conhecerá do recurso, se a providência couber ao recorrente, ou determinará o desentranhamento das contrarrazões, se a providência couber ao recorrido (art. 76, § 2º, do CPC de2015).

O advogado poderá atuar em seção da OAB diversa daquela em que está inscrito, desde que respeite as exigências legais.

É inadmissível recurso firmado por advogado sem procuração juntada aos autos até o momento da sua interposição, salvo mandato tácito. Em caráter excepcional (art. 104 do CPC de 2015), admite-se que o advogado, independentemente de intimação, exiba a procuração no prazo de 5 (cinco) dias após a interposição do recurso, prorrogável por igual período mediante despacho do juiz. Caso não a exiba, considera-se ineficaz o ato praticado e não se conhece do recurso (item I da súmula 383 do TST).

Verificada a irregularidade de representação da parte em fase recursal, em procuração ou substabelecimento já constante dos autos, o relator ou o órgão competente para julgamento do recurso designará prazo de 5 (cinco) dias para que seja sanado o vício. Descumprida a determinação, o relator não conhecerá do recurso, se a providência couber ao recorrente, ou determinará o desentranhamento das contrarrazões, se a providência couber ao recorrido (art. 76, § 2º, do CPC de 2015) (item I da súmula 383 do TST).

Inclusive, o advogado poderá atuar em causa própria, conforme autoriza o art. 103, parágrafo único, do CPC, desde que tenha habitação legal, ou seja, desde que esteja inscrito na Ordem dos Advogados do Brasil e esteja regular.

6.1.7. OUTRAS REPRESENTAÇÕES

Empresa: é facultado ao empregador fazer-se substituir pelo gerente, ou qualquer outro preposto que tenha conhecimento do fato, e cujas declarações obrigarão o proponente (art. 843, § 1º, da CLT).

Empregado representado pelo Sindicato: nos termos do art. 791, § 1º, da CLT, nos dissídios individuais os empregados e empregadores poderão fazer-se representar por intermédio do sindicato da sua categoria.

Ainda, nos casos de ações Plúrimas ou Ações de Cumprimento, os empregados poderão fazer-se representar pelo Sindicato de sua categoria (art. 843 da CLT).

Empregado representado por outro empregado: por doença ou qualquer outro motivo poderoso, devidamente comprovado, não for possível ao empregado comparecer pessoalmente, poderá fazer-se representar por outro empregado que pertença à mesma profissão, ou pelo seu sindicato (art. 843, § 2º, da CLT).

Empregado menor: a reclamação trabalhista do menor de 18 anos será feita por seus representantes legais e, na falta destes, pela Procuradoria da Justiça do Trabalho, pelo sindicato, pelo Ministério Público estadual ou curador nomeado em juízo (art. 793 da CLT).

Empregado falecido: quem deve representar o empregado falecido é o espólio, nos termos do art. 75, VII, do CPC.

+ EXERCÍCIOS DE FIXAÇÃO

01. (FCC – 2022 – TRT-14ª Região RO e AC) Bento possui 17 anos de idade e foi devidamente contratado e registrado em CTPS, podendo assinar os recibos de pagamento de seus salários. Ocorre que injustamente dispensado após um ano de contrato de trabalho, pretende ingressar com reclamação trabalhista contra sua ex-empregadora. De acordo com a CLT, Bento Alternativas

A) teria que ser representado somente se prestasse seus serviços na condição de aprendiz, o que não é o caso.

B) não precisa de representação para ingressar com reclamação trabalhista, pois tendo sido contratado como empregado, adquiriu capacidade postulatória como se maior de idade fosse.

C) deverá estar representado por seus representantes legais e, na falta destes, pela Procuradoria da Justiça do Trabalho, entre outros.

D) deverá ser arguido pelo Juiz se necessita ou dispensa a sua representação por terceiros.

E) deverá aguardar atingir sua maioridade para ingressar com reclamação trabalhista, uma vez que contra si não ocorre os efeitos da prescrição.

02. (CESPE/CEBRASPE – 2022 – TRT 18ª Região PA e AP – Técnico Judiciário – Área Administrativa) Segundo o artigo 791 da Consolidação das Leis do Trabalho (CLT), os empregados e os empregadores poderão reclamar pessoalmente perante a justiça do trabalho e acompanhar as suas reclamações até o final. Acerca do jus postulandi na justiça do trabalho, assinale a opção correta. Alternativas

A) O jus postulandi pode ser exercido em varas do trabalho, bem como em recursos de competência dos Tribunais Regionais do Trabalho (TRTs) e do Tribunal Superior do Trabalho (TST).

B) É vedado o exercício do jus postulandi no ajuizamento de mandado de segurança.

C) É possível exercer o jus postulandi em processos de execução e em ações cautelares.

D) O jus postulandi só pode ser exercido em ações que tramitam pelo procedimento sumaríssimo.

E) Não é possível exercer o jus postulandi em sede recursal, pois, nesse caso, é necessário que um advogado seja constituído.

» GABARITO

01. C
02. B

7 INTERVENÇÃO DE TERCEIROS

7.1. ASSISTÊNCIA

Assistência nada mais é do que a intervenção de um terceiro no processo já em andamento, onde este vai apenas se inserir na relação processual para auxiliar de algum modo. Isso significa dizer que o assistente não é parte, pois não propôs nenhuma ação e não responde por ela.

O assistente atuará como auxiliar da parte principal, exercerá os mesmos poderes e sujeitar-se-á aos mesmos ônus processuais que o assistido (art. 121 do CPC).

No processo do trabalho a assistência simples ou adesiva é admitida, conforme preceitua a súmula 82 do TST: "A intervenção assistencial, simples ou adesiva, só é admissível se demonstrado o interesse jurídico e não o meramente econômico."

7.2. NOMEAÇÃO À AUTORIA

Sem trazer expressamente o nome nomeação à autoria, o CPC de 2015 trouxe em seu art. 339 essa modalidade de intervenção de terceiros: "quando alegar sua ilegitimidade, incumbe ao réu indicar o sujeito passivo da relação jurídica discutida sempre que tiver conhecimento, sob pena de arcar com as despesas processuais e de indenizar o autor pelos prejuízos decorrentes da falta de indicação."

Lembrando que o art. 339 do CPC se aplica ao processo do trabalho por força do art. 769 da CLT.

7.3. DENUNCIAÇÃO DA LIDE

Trata-se de uma intervenção de terceiro onde qualquer das partes poderá denunciar outra que tenha vínculo jurídico com quem está denunciando, de modo a litigar conjuntamente para garantir alguma indenização ou reembolso nos casos do denunciante ser condenado.

38 PROCESSO DO TRABALHO

Existe grande divergência doutrinária e jurisprudencial sobre o cabimento da denunciação da lide no processo do trabalho. Tanto é que o TST editou a OJ 227 da SDI-1, a qual versava sobre a incompatibilidade da denunciação da lide no processo do trabalho.

Porém, a OJ 227 da SDI-1 do TST foi cancelada.

O TST vem flexibilizando o entendimento sobre o tema, principalmente após o cancelamento da OJ 227 da SDI-1, aduzindo que com a ampliação da competência da Justiça do Trabalho pela EC 45/2004, "o cabimento do instituto da denunciação da lide deve ser examinado caso a caso, à luz da competência desta Justiça Especializada para dirimir a controvérsia entre denunciante e denunciado e dos princípios que norteiam o Processo do Trabalho, especialmente os da celeridade, efetividade e simplicidade." (TST-ARR 10658-87.2015.5.01.0266, j. 18-4-2018, Rel. Min. Alberto Luiz Bresciani de Fontan Pereira, 3ª T., DEJT 27-4-2018).

Porém, quando o assunto é a relação entre empresa empregadora e empresa de seguros, a Justiça do Trabalho não é competente para processar e julgar o tema, sendo incompatível a denunciação da lide nesses casos.

7.4. CHAMAMENTO AO PROCESSO

É o momento em que o réu chama ao processo outra pessoa para figurar no polo passivo, a qual também é considerada responsável pela satisfação dos pedidos do autor. Esse requerimento é feito em contestação.

No processo do trabalho podemos citar a situação em que há grupo econômico, chamando ao processo a empresa que também é responsável, ou nos casos de pedido de nulidade da terceirização onde apenas o tomador dos serviços é demandado, devendo a empresa prestadora dos serviços compor o polo passivo da ação também.

+ EXERCÍCIOS DE FIXAÇÃO

01. (FCC – 2022 – TRT 14ª Região Ro e AC – Analista Judiciário – Área Judiciária) O Código de Processo Civil admite que o réu, quando cobrado por dívida solidária, requeira a citação dos demais devedores solidários, para que passem a figurar no polo passivo na qualidade de litisconsortes. Essa espécie de intervenção de terceiros configura

A) nomeação à autoria

B) assistência litisconsorcial.

C) denunciação da lide.

D) chamamento ao processo.

E) oposição.

02. (FCC – 2022 – TRT 4ª Região - Analista Judiciário – Área Judiciária) Júnior se envolveu em um acidente de trânsito, vindo a colidir seu veículo contra o automóvel de Gabriel, por não ter atentado para a sinalização de via preferencial na via pública. Gabriel, então, ajuizou, em face de Júnior, ação de indenização por danos materiais, com a intenção de receber os valores devidos para o conserto de seu automóvel. Júnior, ao ser citado, entendeu que a responsabilidade de pagamento era de sua seguradora, diante do contrato que com ela estabeleceu antes do acidente. Nessa situação,

A) não cabe nenhuma hipótese de intervenção de terceiros, em razão de estar evidente a culpa de Júnior pelo acidente.

B) Júnior pode promover denunciação da lide à seguradora.

C) Júnior pode promover o chamamento ao processo da seguradora.

D) Gabriel pode promover denunciação à lide em face de Júnior.

E) Gabriel pode promover o chamamento ao processo em face da seguradora.

» GABARITO

01. D

02. B

8 PETIÇÃO INICIAL

8.1. **REQUISITOS DA PETIÇÃO INICIAL**

No processo do trabalho, a petição inicial poderá ser escrita ou verbal, conforme aduz o art. 840 da CLT.

Se for escrita, a reclamação deverá conter a designação do juízo, a qualificação das partes, a breve exposição dos fatos de que resulte o dissídio, o pedido, que deverá ser certo, determinado e com indicação de seu valor, a data e a assinatura do reclamante ou de seu representante (§ 1º do art. 840 da CLT).

Se for verbal, a reclamação será reduzida a termo por um servidor da vara do trabalho, em duas vias datadas e assinadas pelo escrivão ou secretário, devendo conter a qualificação das partes, os fatos, pedidos e valores. (§ 1º do art. 840 da CLT).

8.1.1. **ENDEREÇAMENTO**

A petição inicial trabalhista será endereçada ao Juízo da vara do trabalho ou apenas ao Juízo da Vara do Trabalho, e não para o Juiz ou Juíza fulano ou fulana de tal.

Nos tribunais regionais do trabalho a petição é endereçada ao respectivo presidente, se for demanda de competência originária do TRT. As petições protocolizadas em demanda já em andamento, basta endereçar ao desembargador relator fulano de tal.

No TST, em demandas de competência originária deste, a petição deverá ser endereçada para o ministro presidente e as petições inseridas em processos já com relator designado, o endereçamento deve constar ao ministro relator.

EDGAR HERZMANN **41**

8.1.2. QUALIFICAÇÃO DAS PARTES

Qualificar a parte significa informar corretamente o seu nome completo, estado civil, profissão, CPF ou CNPJ, CTPS se for o caso de empregado e endereço completo.

Acontece que nem sempre o autor da demanda trabalhista possui os dados completos do reclamado. Nesse caso, o reclamante deverá requerer que o juiz diligencie para buscar os dados completos.

A qualificação correta da parte ré é fundamental para uma citação/notificação correta e célere.

8.1.3. FATOS

O reclamante deverá expor os fatos que levaram e que justifiquem os pedidos constantes na inicial.

Entretanto, como no processo do trabalho vigora o princípio da informalidade, portanto, na prática a maioria dos juízes não extingue o processo por falta de preenchimento válido e regular do processo por causa disso.

De todo modo, tem-se que uma petição inicial deve conter os elementos fácticos jurídicos que sustentam os pedidos, até para fins de análise e compreensão da matéria pelo juiz.

8.1.4. PEDIDO

É por meio do pedido que a petição ganha corpo para se tornar um processo. Sem pedido, não há providência jurisdicional.

O pedido é o limitador da demanda, pois o juiz está subordinado aos pedidos formulados na inicial.

Os pedidos estabelecem o mérito a ser enfrentado na sentença, por isso ele deve ser certo e determinado, compreendendo nele juros e correções monetárias, se for o caso, os pedidos acessórios e honorários advocatícios de sucumbência.

Assim estabelece o art. 322 do CPC:

> Art. 322. O pedido deve ser certo.
> § 1º Compreendem-se no principal os juros legais, a correção monetária e as verbas de sucumbência, inclusive os honorários advocatícios.
> § 2º A interpretação do pedido considerará o conjunto da postulação e observará o princípio da boa-fé.

Como já dito, o pedido deverá ser determinado, mas a parte poderá apresentar pedido genérico nos casos previsto no art. 324 do CPC:

Art. 324. O pedido deve ser determinado.

§ 1º É lícito, porém, formular pedido genérico:

I - nas ações universais, se o autor não puder individuar os bens demandados[1];

II - quando não for possível determinar, desde logo, as consequências do ato ou do fato;

III - quando a determinação do objeto ou do valor da condenação depender de ato que deva ser praticado pelo réu.

De igual modo, tais exigências legais do pedido se aplicam à reconvenção (§ 2º do art. 324 do CPC).

No processo do trabalho, a CLT traz esse conceito no § 1º do art. 840, ao dizer que "sendo escrita, a reclamação deverá conter a designação do juízo, a qualificação das partes, a breve exposição dos fatos de que resulte o dissídio, o pedido, que deverá ser certo, determinado e com indicação de seu valor, a data e a assinatura do reclamante ou de seu representante."

O reclamante deverá, portanto, apresentar pedido claro, objetivo, que afaste qualquer tipo de dúvida acerca da sua intenção.

Quanto à classificação do pedido, ele pode ser classificado como **principal ou acessório.**

O pedido principal é, por exemplo, a condenação do reclamado ao pagamento das horas extras, e o acessório vem representado pelo adicional de horas extras acrescentado de juros e correção monetária.

Outro tipo de pedido é o **alternativo**, aquele que a parte demandante faz o pedido e o demandado poderá cumprir de mais de uma forma. Exemplo disso está nas políticas de algumas empresas em pagar diárias de viagens ou ressarcimento das despesas, podendo a empresa escolher como melhor proceder. Nesse caso, a empresa poderá reembolsar o empregado de duas maneiras, ficando a sua escolha.

Já os pedidos **subsidiário ou sucessivo** são aqueles em que o autor faz mais de um pedido em ordem subsidiária (linguagem do CPC de 2015), a fim de que o juiz conheça do pedido posterior caso não acolha o anterior. Isso está previsto no art. 326 do CPC. Exemplo clássico no processo do trabalho: empregada gestante dispensada sem justa causa que pede a reintegração ou indenização substitutiva relativa ao período de estabilidade. Caso o juiz identifique que não é possível a reintegração, poderá converter em indenização, conforme determina o art. 496 da CLT.

---

1 O inciso I não se aplica ao processo do trabalho por não existir na seara processual trabalhista ações universais, como por exemplo os casos de falência.

8.1.5. VALOR DA CAUSA

A reforma trabalhista trouxe a expressão "indicação do seu valor" no § 1º do art. 840 da CLT.

Tal regra já era aplicada ao procedimento sumaríssimo por força do inciso I do art. 852-B da CLT: nas reclamações enquadradas no procedimento sumaríssimo o pedido deverá ser certo ou determinado e indicará o valor correspondente.

No rito ordinário essa regra não era aplicada. Ações trabalhistas de grande envergadura, com possibilidades de ganhos altíssimos, recebiam valores simbólicos e irrisórios, os quais nem de longe espelhavam o potencial da demanda.

Com a lei. 13.467/2017, também no rito ordinário as ações devem ter seu valor indicado.

Porém, a grande controvérsia está na interpretação do termo "indicação do seu valor". Para alguns, indicar valor não significa efetivamente liquidar a ação, isto é, apresentar cálculos, bastando indicar na própria peça o valor estimado do pedido.

Na nossa opinião, a interpretação relevante não está em meramente indicar o valor ou apresentar os cálculos liquidados. A visão que o autor deverá ter é a seguinte: se meramente indicar o valor aos pedidos, o juiz se limitará a condenar o reclamado ao montante estimado pelo autor, ou seja, horas extras estimadas em mil reais, ao se convencer do pedido, o juiz não poderá ultrapassar essa monta, mas apenas aplicar os juros e correções devidas. Por outro lado, a apresentação liquidada do pedido mediante cálculos aproxima o valor pretendido à realidade, bastando aplicar os juros e correções monetárias devidas.

Portanto, na prática, para evitar decisões desagradáveis, o autor deverá apresentar os seus pedidos devidamente liquidados, com a juntada de cálculo exato com juros e correção monetária.

A incidência de juros e correção monetária ocorrerá normalmente a partir da propositura da ação, ou após o trânsito em julgado, desde que o pedido seja deferido.

Desse modo, o autor deverá indicar corretamente o valor de cada pedido, a fim de atribuir à causa o valor correto, aquilo que a demanda realmente comporta. Por essa razão, deve-se aplicar ao processo do trabalho o disposto nos **artigos 291 e 292 do** CPC.

Nos termos do art. 291 do CPC, a toda causa será atribuído valor certo, ainda que não tenha conteúdo econômico imediatamente aferível.

Portanto, mesmo nos casos em que o pedido não permita aferir exatamente o seu valor, a parte deverá indicar e liquidar o pedido.

Nesses casos, aplica-se o disposto no art. 292 do CPC, o qual determina o seguinte:

> Art. 292. O valor da causa constará da petição inicial ou da reconvenção e será:
>
> I - na ação de cobrança de dívida, a soma monetariamente corrigida do principal, dos juros de mora vencidos e de outras penalidades, se houver, até a data de propositura da ação;
>
> II - na ação que tiver por objeto a existência, a validade, o cumprimento, a modificação, a resolução, a resilição ou a rescisão de ato jurídico, o valor do ato ou o de sua parte controvertida;
>
> III - na ação de alimentos, a soma de 12 (doze) prestações mensais pedidas pelo autor;
>
> IV - na ação de divisão, de demarcação e de reivindicação, o valor de avaliação da área ou do bem objeto do pedido;
>
> V - na ação indenizatória, inclusive a fundada em dano moral, o valor pretendido;
>
> VI - na ação em que há cumulação de pedidos, a quantia correspondente à soma dos valores de todos eles;
>
> VII - na ação em que os pedidos são alternativos, o de maior valor;
>
> VIII - na ação em que houver pedido subsidiário, o valor do pedido principal.
>
> § 1º Quando se pedirem prestações vencidas e vincendas, considerar-se-á o valor de umas e outras.
>
> § 2º O valor das prestações vincendas será igual a uma prestação anual, se a obrigação for por tempo indeterminado ou por tempo superior a 1 (um) ano, e, se por tempo inferior, será igual à soma das prestações.
>
> § 3º O juiz corrigirá, de ofício e por arbitramento, o valor da causa quando verificar que não corresponde ao conteúdo patrimonial em discussão ou ao proveito econômico perseguido pelo autor, caso em que se procederá ao recolhimento das custas correspondentes.
>
> Destaca-se os incisos **V, VII, VIII e §§ 1º, 2º e 3º:**

8.1.5.1. NA AÇÃO INDENIZATÓRIA, INCLUSIVE A FUNDADA EM DANO MORAL, O VALOR PRETENDIDO:

Nas ações de dano moral o autor deverá indicar o valor que pretende receber a título indenizatório, mesmo nos casos de pedir subsidiariamente valor menor.

Há quem defenda a inconstitucionalidade desse artigo, ao argumento de que a Constituição Federal trouxe o direito à reparação por danos morais como um direito fundamental (art. 5º, X), e por essa razão deve haver uma proteção ampla e irrestrita a esse instituto, sendo vedado ao legislador ordinário intervir sobre o tema de forma a mitigar a sua aplicação. Os defensores dessa linha argumentam ainda que o inciso V do art. 292 do CPC impede as pessoas lesionadas moralmente de se socorrerem ao Judiciário, ferindo, portanto, o princípio constitucional do acesso à Justiça (art. 5º, XXXV da CF).

8.1.5.2. NA AÇÃO EM QUE OS PEDIDOS SÃO ALTERNATIVOS, O DE MAIOR VALOR:

Nos casos de pedidos alternativos, o autor deverá indicar o pedido de maior valor. O pedido será alternativo quando, pela natureza da obrigação, o devedor puder cumprir a prestação de mais de um modo (art. 325 CPC), podendo o devedor escolher, o que não se confunde com pedido subsidiário (art. 326 CPC).

Portanto, é lícito formular mais de um pedido, alternativamente, para que o juiz acolha um deles, porém, o valor da causa será o pedido de maior valor. Exemplo prático: norma coletiva que concede de forma alternativa o fornecimento de cesta básica ou seu pagamento em pecúnia.

8.1.5.3. NA AÇÃO EM QUE HOUVER PEDIDO SUBSIDIÁRIO, O VALOR DO PEDIDO PRINCIPAL:

Nos casos de pedido subsidiário, o valor correspondente deve ser o do pedido principal. Aqui o juízo não poderá deferir o pedido subsidiário caso seja possível deferir o pedido principal. Diferentemente do pedido alternativo, o réu não escolhe a forma de cumprir a obrigação.

8.1.5.4. ALTERAÇÃO DO VALOR DA CAUSA DE OFÍCIO:

Com a reforma, o juiz poderá corrigir, independentemente da impugnação da parte contrária, o valor da causa irrisoriamente indicado pelo autor, quando identificar que o valor não corresponde com o conteúdo almejado pelo demandante.

Portanto, a modificação do valor da causa poderá ser feita tanto de ofício pelo juízo quanto por impugnação do réu ao valor atribuído à demanda. Por essa razão, acreditamos que a última parte da **súmula 71 do** TST[2] que aduz que o valor da causa é "inalterável no curso do pro-

---

2 Súmula nº 71 do TST ALÇADA (mantida) - Res. 121/2003, DJ 19, 20 e 21.11.2003. A alçada é fixada pelo valor dado à causa na data de seu ajuizamento, desde que não impugnado, sendo inalterável no curso do processo.

cesso" deve ser alterada, a fim de se adaptar ao CPC e à nova dinâmica do valor da causa no processo do trabalho.

8.1.5.5. IMPUGNAÇÃO AO VALOR DA CAUSA NO PROCESSO DO TRABALHO:

O art. 293 do CPC aduz que o réu poderá impugnar, em preliminar da contestação, o valor atribuído à causa pelo autor, sob pena de preclusão, e o juiz decidirá a respeito, impondo, se for o caso, a complementação das custas.

No processo do trabalho, a impugnação ao valor atribuído à causa deverá ser requerida em contestação, nos mesmos moldes do referido artigo.

Nos casos em que o autor não liquidar os pedidos ou deixar de atribuir o valor correto à causa, é dever do réu impugnar o valor da causa, mesmo havendo possibilidade de o juízo trabalhista modificar o seu valor de ofício, por força da aplicação subsidiária do § 3º do art. 292 do CPC ao processo do trabalho.

Caso o réu não impugne ou o magistrado se mantenha inerte, haverá preclusão da matéria, não permitindo nova manifestação em outro momento processual. Por isso o reclamado deverá ficar atento para, em simples preliminar de mérito, na própria contestação, abordar o tema.

Resumo:

a) **Fundamento legal:** art. 293, 337, III e IV do CPC e 769 da CLT;

b) **Prazo para apresentar impugna**ção ao valor da causa: mesmo prazo da contestação, nos termos do art. 847 da CLT;

c) **Procedimento antes de apreciar a preliminar de impugna**ção ao valor da causa: se o réu impugnar o valor da causa em preliminar de mérito, o juiz deverá abrir prazo ao autor nos termos do art. 351 do CPC, permitindo-lhe a produção de prova, justificar o valor atribuído à causa ou modificar o valor. Após isso, deverá o juiz deliberar sobre a matéria.

8.1.5.6. PARCELAS VENCIDAS E VINCENDAS:

No caso de prestações vencidas e vincendas, o valor da causa tem que levar em consideração o valor de todas as parcelas vencidas e daquelas que estão por vencer.

No caso de prestações vincendas em obrigação por tempo indeterminado ou tempo superior a um ano, o valor da causa, em relação às parcelas vincendas, será o valor de uma prestação anual. Caso seja inferior a um ano, o valor da causa será igual à soma das prestações vincendas.

8.1.5.7. PEDIDOS IMPOSSÍVEIS DE SEREM QUANTIFICADOS:

Há casos em que o autor não terá condições de quantificar o valor do pedido por falta de amparo documental para indicar a quantidade, por exemplo, de horas extras.

Nesses casos, deverá o autor, primeiro, produzir provas de forma antecipada, para então ter subsídio probatório para entrar com a ação trabalhista.

Uma forma prática e rápida para resolver esse entreve é a utilização da **tutela de urg**ência para produção de provas antecipada, onde o autor terá condições de exigir do reclamado a juntada de documentos capazes de embasar seus pedidos.

No caso das horas extras, por exemplo, empresa com mais de 10 funcionários tem o dever de manter registro de jornada diário na forma estabelecida pelo art. 74, § 2º, da CLT. A não apresentação injustificada dos controles de frequência gera presunção relativa de veracidade da jornada de trabalho. Portanto, o autor poderá requerer a juntada dos seus controles de jornada nos autos da tutela de urgência para produção de provas antecipada.

8.2. EMENDA À INICIAL

Nos casos em que o demandante não cumprir com o disposto no § 1º do art. 840 da CLT, isto é, deixar de designar o juízo, não qualificar corretamente e suficientemente as partes, não apresentar uma breve exposição dos fatos de que resulte o dissídio, não fazer pedido certo e determinado ou deixar de indicar o seu valor, o § 3º do mesmo dispositivo determina que o processo seja julgado extinto sem resolução do mérito.

É importante ressaltar que a extinção total da ação se dará se todos os pedidos não estiverem em conformidade com o § 1º do art. 840 da CLT, pois o § 3º se refere aos pedidos, isto é, o juiz tem a possibilidade de extinguir sem resolução de mérito apenas um ou mais pedidos, permitindo o prosseguimento da ação em relação aos demais pedidos que preencham os requisitos legais de admissibilidade. Assim, caso o reclamante faça dez pedidos em sua reclamatória, e três deles não contenham a indicação do seu valor, por exemplo, o juiz poderá extinguir sem resolução de mérito os três pedidos ineptos e continuar com a ação em relação aos outros sete pedidos.

Todavia, consideramos esse dispositivo excessivo, tornando sua aplicação imediata desproporcional. Desse modo, antes de extinguir o processo, deverá o juízo, à luz do princípio da cooperação (art. 6º do CPC), abrir prazo para o reclamante emendar a inicial, adequando-a às exigências legais. Agindo assim, o juízo estará colaborando com o processo e com o jurisdicionado.

Agora, se após intimado, o autor não se manifestar, deixando de corrigir o vício apontado, o juízo deverá extinguir o processo nos termos do § 3º do art. 840, regra está já prevista no art. 321 do CPC: "o juiz, ao verificar que a petição inicial não preenche os requisitos dos arts. 319 e 320 ou que apresenta defeitos e irregularidades capazes de dificultar o julgamento de mérito, determinará que o autor, no prazo de 15 (quinze) dias, a emende ou a complete, indicando com precisão o que deve ser corrigido ou completado. Parágrafo único: Se o autor não cumprir a diligência, o juiz indeferirá a petição inicial."

+ EXERCÍCIOS DE FIXAÇÃO

01. (FCC – 2022 – TRT22ª Região PI – Técnico Judiciário – Área Administrativa) Os pedidos formulados na reclamação trabalhista ajuizada por Nilo em face da empresa LimpaLimpa Serviços de Limpeza Ltda. totalizam valor equivalente a 30 salários mínimos. Considerando essa situação, tendo em vista a legislação consolidada,

- A) será designada audiência inicial para tentativa de conciliação e, somente se as partes não se conciliarem, o juiz designará audiência de instrução.
- B) os pedidos deverão ser certos ou determinados e indicarão o valor correspondente.
- C) na audiência de instrução poderão ser ouvidas até o máximo de três testemunhas.
- D) as partes serão intimadas da sentença no prazo de 5 dias após sua prolação. E as testemunhas deverão ser intimadas para comparecimento à audiência de instrução e o seu não comparecimento implicará em condução coercitiva.

02. (FCC – 2018 – TRT 15ª Região SP – Técnico Judiciário – Área Administrativa) Cibele ajuizou reclamação trabalhista escrita requerendo a condenação da Empresa X em horas extras, equiparação salarial e adicional de insalubridade. Na petição inicial constou a designação do juízo, a qualificação das partes, mas sem indicação do CNPJ da Reclamada, a breve exposição dos fatos de que resulte o dissídio, o pedido a ser liquidado em fase de execução, uma vez que o valor depende da produção de provas, a data e a assinatura do advogado de Cibele. Deu o valor da causa de R$ 60.000,00. Nesse caso, e de acordo com a legislação vigente, a petição inicial

A) não atende aos requisitos legais, uma vez que é obrigatória a indicação da qualificação das partes, inclusive com o número de seu Cadastro Nacional da Pessoa Jurídica.

B) atende aos requisitos legais, uma vez que somente no procedimento sumaríssimo os pedidos devem ser certos e determinados.

C) não atende aos requisitos legais, uma vez que o pedido deve ser certo, determinado e com indicação de seu valor.

D) atende aos requisitos legais somente no tocante às horas extras e equiparação salarial, uma vez que o adicional de insalubridade para ser deferido e fixado, depende de produção de prova pericial, não podendo ser liquidado de imediato.

E) atende aos requisitos legais somente no tocante à equiparação salarial, uma vez que as horas extras dependem de prova a ser produzida em instrução processual para delimitar o seu montante, não podendo liquidadas de imediato, e o adicional de insalubridade, igualmente, depende de prova pericial para fixação do grau em que se enquadra, se deferido.

» GABARITO

01. B
02. C

AUDIÊNCIA

9.1. PRESENÇA DO JUIZ E SERVIDORES

Nas audiências trabalhistas, obrigatoriamente deverão estar presentes o juiz, o escrivão ou secretario de audiência e as partes (autor e réu) acompanhadas ou não pelos seus advogados.

Apesar de o art. 814 da CLT apenas fazer menção sobre a presença obrigatória do escrivão ou secretario, a presente do juiz é evidenciada nos artigos 815 e 816 da CLT.

Na hora marcada da audiência, o juiz declarará aberta a audiência, oportunidade em que o secretario ou escrivão procederão com a chamada das partes, testemunhas e demais pessoas que devam comparecer no ato (art. 815 da CLT).

Lembrando que há uma tolerância de 15 minutos de atraso do juiz em relação a hora marcada da audiência. Caso o juiz não compareça dentro desse limite, isto é, se atrasar mais de 15 minutos, as partes poderão retirar-se, devendo tal fato constar no livro de registro das audiências. Isso está previsto no parágrafo único do art. 815 da CLT. Todavia, isso só se aplica para os casos em que o juiz esteja fora do foro, na rua, e não para os casos de atraso da pauta de audiência, como por exemplo quando o juiz chama uma audiência e esta se prolonga e acaba atrasando a próximo por mais de 15 minutos. Nesse caso, não cabe a aplicação deste dispositivo e as partes deverão aguardar a chamada para sua audiência, mesmo em atraso.

Outro ponto importante, essa tolerância de 15 minutos só se aplica ao juiz, e não as partes. Logo, as partes deverão estar presentes quando a audiência for apregoada, sob as penas da lei processual.

9.2. REGISTRO DAS AUDIÊNCIAS

Todos os atos praticados em audiência serão registrados em ata (art. 817 da CLT). O nome das partes presentes e as ausências, se for o caso, o nome dos respectivos advogados, o nome do escrivão ou secretario e do juiz.

Ainda, deverá constar na ata de audiência o dia e hora do seu início e fim.

As tentativas de acordo, depoimentos das partes e testemunhas e eventuais pedidos diversos deverão ser registrados.

Inclusive, eventual negativa de produção de provas, seja técnica, documental ou testemunhais também deverão constar em ata, pois a parte deverá registrar seu protesto, caso não queira ter seu direito de produção da prova precluído.

Logo, a ata de audiência é um documento fundamental do processo, sobretudo quando se fala em depoimentos das partes e testemunhas, pois são provas rotineiramente utilizadas no processo do trabalho.

9.3. AUDIÊNCIA DE CONCILIAÇÃO

Em todas as audiências a presença das partes é obrigatório (art. 843 da CLT), salvo os casos em que a presença é dispensada pelo juiz.

Em que pese o art. 849 da CLT prevê que a audiência de julgamento será contínua, admitindo com que o juiz designe outro dia para realizar o ato, nos casos de força maior ou se não for possível concluí-la no mesmo dia, o costume processual trabalhista é outro, pois na prática os juízes (em sua maioria) fracionam a audiência em três momentos:

× Audiência de conciliação;

× Audiência de instrução;

× Audiência de julgamento.

A audiência de conciliação é aquela destinada para tentativa de acordo. Também é chamada de audiência inaugural. Esse ato está previsto no art. 846 da CLT:

> Art. 846 - Aberta a audiência, o juiz ou presidente proporá a conciliação.
> § 1º - Se houver acordo lavrar-se-á termo, assinado pelo presidente e pelos litigantes, consignando-se o prazo e demais condições para seu cumprimento.
> § 2º - Entre as condições a que se refere o parágrafo anterior, poderá ser estabelecida a de ficar a parte que não cumprir o acordo obrigada a satisfazer integralmente o pedido ou pagar uma indenização convencionada, sem prejuízo do cumprimento do acordo

Caso as partes não cheguem ao acordo, o processo seguirá seu fluxo normal e uma nova data será designada para realização da audiência de instrução processual.

Apesar do art. 847 da CLT informar que o reclamado terá vinte minutos para aduzir sua defesa, após a leitura da reclamação, quando esta não for dispensada por ambas as partes, sabe-se que tal prática não é comum,

52 PROCESSO DO TRABALHO

pois com o Processo Judicial Eletrônico, a defesa e os documentos que a acompanham já são anexados antes da audiência, por força do parágrafo único do art. 847 da CLT acrescento pela reforma trabalhista.

O art. 848 da CLT diz que a instrução será realizada logo depois terminada a defesa, oportunidade em que o juiz poderá interrogar as partes. Porém, como já dito acima, o costume processual é de designar nova data para realização da audiência de instrução processual.

No caso do procedimento pelo rito sumaríssimo, a audiência será uma (art. 852-C da CLT). Assim, nesse rito o processo será instruído e julgado em uma única audiência, no mesmo dia, devendo o juiz decidir todos os incidentes e exceções no mesmo ato, para que isso não interfira no prosseguimento normal do processo. Todas as provas serão produzidas em audiência e os demais pontos serão abordados em sentença. Aqui cada parte poderá ouvir apenas 2 testemunhas.

9.4. AUDIÊNCIA DE INSTRUÇÃO PROCESSUAL

Momento processual em que o depoimento das partes (autor e réu) serão colhidos e as testemunhas serão ouvidas.

Primeiro, o juiz faz uma tentativa de conciliação. Não havendo acordo, abre-se a instrução e inicia-se os depoimentos das partes. Após os depoimentos, as testemunhas serão ouvidas, bem como os peritos e os técnicos, se houver (art. 848 da CLT).

No caso da prova testemunhal, no procedimento sumaríssimo cada parte poderá ouvir até duas testemunhas (art. 852-H, § 2º). Já no procedimento ordinário as partes poderão ouvir até três testemunhas cada.

Finalizada a instrução, as partes poderão aduzir razões finais no prazo de 10 minutos para cada uma, de forma oral ou remissivas. Finalizada essa etapa, o juiz renovará a proposta de acordo e, caso não tenha conciliação, o processo será concluso para sentença (art. 850 da CLT).

De igual modo, na audiência de instrução os atos praticados serão resumidos em ata (art. 851 da CLT), sendo juntada no processo no prazo de 48 horas após a audiência de instrução (§ 2º do art. 851 da CLT).

9.5. AUDIÊNCIA DE JULGAMENTO

Trata-se de uma audiência designada pelo juiz com uma data para julgar o processo. Nesse ato, a presença das partes é dispensada, mas deve-se observar o conteúdo da notificação ou o que ficou designada na audiência anterior.

A prática processual mostra que o juiz pouco utiliza desse ato para proferir a decisão, sendo o processo concluso para posterior publicação da sentença. Porém, tem-se que tomar o cuidado quando a sentença for pela súmula 197 do TST, aí sim na data marcada da audiência de encerramento a sentença será disponibilizada. Inclusive, o prazo para recurso começa a contar da data da publicação da ata de audiência de julgamento, caso o processo seja julgado na forma da súmula 197 do TST.

9.6. PREPOSTO

O reclamado poderá se fazer representar por um preposto, devidamente habilitado e nomeado para o ato, com a apresentação da carta de preposto assinada pelo representante legal da empresa ou empregador pessoa física, com poderes que comprometerão o reclamado.

É o que diz o § 1º do art. 843 da CLT: "É facultado ao empregador fazer-se substituir pelo gerente, ou qualquer outro preposto que tenha conhecimento do fato, e cujas declarações obrigarão o proponente."

O reclamado não precisa nomear um preposto que seja seu empregado, qualquer pessoa com conhecimento dos fatos poderá representar o reclamado, nos termos do § 3º do art. 843 da CLT.

A nova regra contraria o disposto na súmula 377 do TST, a qual diz que, "Exceto quanto à reclamação de empregado doméstico, ou contra micro ou pequeno empresário, o preposto deve ser necessariamente empregado do reclamado. Inteligência do art. 843, § 1º, da CLT e do art. 54 da Lei Complementar nº 123, de 14 de dezembro de 2006."

Desse modo, a redação da súmula 377 do TST deve ser revista para se adequar à nova regra, pois a lei permite de forma indiscriminada a representação do reclamado por qualquer pessoa. Entretanto, mesmo com essa nova dinâmica, é bom salientar que o preposto deve ter conhecimento dos fatos, mesmo não sendo empregado do réu.

9.7. AUSÊNCIA DO RECLAMANTE

O caput do art. 844 estabelece que o não comparecimento do reclamante à audiência importa o arquivamento da reclamação, e o não comparecimento do reclamado importa revelia, além de confissão quanto à matéria de fato.

Na hipótese de ausência injustificada do autor, este será condenado ao pagamento de custas processuais, haja vista que deu causa ao arquivamento do processo.

Com a nova regra insculpida na segunda parte do § 2º do art. 844, mesmo sendo beneficiário da justiça gratuita, o autor deverá arcar com o pagamento das custas processuais caso dê causa ao arquivamento do processo por ausência, salvo se comprovar, dentro de 15 dias, que a ausência se deu por motivo legalmente justificável.

Mas quais seriam esses motivos legalmente justificáveis? Ao nosso ver, podemos aplicar causas previstas no art. 473 da CLT e aqueles provenientes de caso fortuito ou força maior, bem como o disposto no art. 223 do CPC:

> Art. 223. Decorrido o prazo, extingue-se o direito de praticar ou de emendar o ato processual, independentemente de declaração judicial, ficando assegurado, porém, à parte provar que não o realizou por justa causa.
> § 1º Considera-se justa causa o evento alheio à vontade da parte e que a impediu de praticar o ato por si ou por mandatário.
> § 2º Verificada a justa causa, o juiz permitirá à parte a prática do ato no prazo que lhe assinar.

Assim, terá o autor o encargo de comprovar o alegado, podendo fazer uso de qualquer meio de prova para justificar a sua ausência e afastar a responsabilidade pelo pagamento das custas e continuar no processo. Inclusive, da decisão do juízo acerca da justificativa do autor, caberá recurso ordinário para o respectivo tribunal regional, tendo em vista seu caráter sentencial.

O recolhimento das custas como condição para a propositura de nova reclamatória trabalhista deve ser aplicado com base na interpretação acima, ou seja, observado as regras dos §§ 3º e 4º do art. 790. Constatando-se que o autor não se enquadra nos novos requisitos para concessão da justiça gratuita, aplica-se o disposto no § 3º do art. 844 da CLT, estabelecendo um pressuposto de validade da nova demanda. Caso contrário, isto é, preenchendo os requisitos para concessão do benefício da justiça gratuita, deve-se afastar a aplicação do referido § 3º.

Ainda, é importante frisar que a regra do § 3º do art. 844 apenas restringe nova demanda, isto é, reclamação contra o mesmo empregador, com os mesmos pedidos e causa de pedir. Caso a nova demanda não coincida com a anterior, não há falar em pagamento de custas como condição para a propositura de nova ação.

9.8. PRESENÇA DO ADVOGADO E AUSÊNCIA DAS PARTES

A presença do advogado e a **ausência do autor**, se for audiência inicial, importa no arquivamento do processo (art. 844 da CLT) e este será condenado o pagamento de custas processuais (§ 2º do art. 844

da CLT). Caso seja audiência de instrução, a ausência do autor importa em confissão quanto à matéria de fato.

Agora, se por doença ou qualquer outro motivo forte, devidamente comprovado, não for possível ao empregado comparecer, poderá fazer-se representar por outro empregado que pertença à mesma profissão, ou pelo seu sindicato (§ 2º do art. 843 da CLT).

Por outro lado, caso o advogado esteja presente e o reclamado ou preposto não, e se estivermos numa audiência inicial, a contestação e os documentos apresentados serão aceitos e não haverá revelia.

Assim, o legislador da reforma prestigiou o advogado devidamente constituído pelo réu no processo do trabalho. Aqui, deve-se valorar o reclamado que, interessado com o bom desfecho do seu caso, contrata advogado para representá-lo, juntar defesa e documentos comprobatórios das suas alegações, mesmo estando ausente na audiência.

A confissão ficta será aplicada, naturalmente, em relação aos fatos controvertidos, mas a revelia será afastada por completo, desde que o advogado junte aos autos contestação e documentos.

Dessa forma, passa-se a vincular revelia com conceito de ausência de defesa, e não mais à ausência do reclamado, como sempre foi praticado no processo do trabalho. Isso se justifica pela simples manifestação inequívoca do réu em se defender.

Por tal razão, a súmula 122 do TST deverá ser revista e modificada para se enquadrar ao novo texto legal, pois ainda aduz que, mesmo estando presente o advogado, reclamado ausente sofre a pena de confissão e revelia.

Por fim, o advogado deverá estar munido de instrumento de procuração ou, na sua ausência, o juízo deverá conferir prazo razoável para apresentar procuração, dede que requerido pelo causídico, comprovando assim a sua regularidade processual.

Contudo, como dito acima, a confissão ficta será aplicada normalmente, naquilo que for objeto de controvérsia. Assim, caso o autor torne as alegações do réu controvertidas, impugnando fundamentadamente os documentos apresentados por ele, a confissão se tornará presumida em relação aos fatos alegados pelo autor.

Entretanto, caso as alegações do réu estejam respaldadas na documentação juntada por ele ou pelo próprio autor, o juízo deverá levar em consideração, resolvendo a controvérsia com base na documentação probatória. Não poderá o juízo aplicar a confissão ficta pela mera alegação de controvérsia do autor.

9.9. REVELIA E CONFISSÃO

Determina o art. 344 do CPC que, "se o réu não contestar a ação, será considerado revel e presumir-se-ão verdadeiras as alegações de fato formuladas pelo autor."

Por outro lado, o art. 844 da CLT aduz que "o não comparecimento do reclamante à audiência importa o arquivamento da reclamação, e o não comparecimento do reclamado importa revelia, além de confissão quanto à matéria de fato."

Porém, ainda que o reclamado não compareça na audiência destinada à apresentação da defesa e juntada de documentos, mas esteja presente o seu advogado, serão aceitos a contestação e os documentos eventualmente apresentados (§ 5º do art. 844 da CLT). Assim, A confissão ficta será aplicada, naturalmente, em relação aos fatos controvertidos, mas a revelia será afastada por completo, desde que o advogado junte aos autos contestação e documentos.

Assim, a definição de revelia atualmente está ligada à ausência de contestação, e não na ausência do réu propriamente dita. Então, na falta de defesa, tem-se revelia.

De todo modo, a revelia não produzirá seus efeitos nas hipóteses do § 4º do art. 844 da CLT:

9.9.1. HAVENDO PLURALIDADE DE RECLAMADOS, ALGUM DELES CONTESTAR A AÇÃO:

Em síntese, havendo mais de um reclamado e um deles contestar a ação, os demais litisconsortes não poderão ser prejudicados, entretanto, a contestação apresentada por um deles somente aproveitará aos demais quando houver comunhão de interesses. Caso contrário, não existindo convergência de interesses, a revelia produzirá seus efeitos, pois interesses diversos não atraem a aplicação dessa norma, visto ser ilógico e sem sentido.

9.9.2. O LITÍGIO VERSAR SOBRE DIREITOS INDISPONÍVEIS:

Aqui, o direito indisponível tem que ser do reclamado, para então se aplicar essa regra. A revelia será afastada se a demanda como um todo versar sobre indisponibilidade de direito do réu.

9.9.3. A PETIÇÃO INICIAL NÃO ESTIVER ACOMPANHADA DE INSTRUMENTO QUE A LEI CONSIDERE INDISPENSÁVEL À PROVA DO ATO:

Se refere aquela prova que compete ao autor, e este deverá apresentá-la aos autos, permitindo com que o juízo aprecie e julgue o caso com base nesse documento e nos demais que acompanham o pedido.

9.9.4. AS ALEGAÇÕES DE FATO FORMULADAS PELO RECLAMANTE FOREM INVEROSSÍMEIS OU ESTIVEREM EM CONTRADIÇÃO COM PROVA CONSTANTE DOS AUTOS:

Esse é o mais comum dos casos. O autor pleiteia uma série de pedidos que extrapolam o limite do razoável, tais como, jornadas extraordinárias excessivas, anos a fio sem pausa intervalar para almoço e descanso, inexistência de descanso semanal remunerado, quando na verdade as alegações do autor se contradizem com os documentos juntados por ele próprio aos autos. Nesse caso, mesmo sem apresentação de defesa, o réu não poderá ser considerado revel e o juízo tem o dever legal de apreciar as provas dos autos, e espelhá-las com as alegações do autor.

Por fim, cabe destacar que o instituto da revelia também se aplica às empresas públicas, conforme nos orienta a OJ 152 da SDI-1 do TST: "Pessoa jurídica de direito público sujeita-se à revelia prevista no artigo 844 da CLT."

+ EXERCÍCIOS DE FIXAÇÃO

01. (VUNESP – 2022 – Câmara de Orlândia SP – Procurador Jurídico) Assinale a alternativa correta quanto ao não comparecimento das partes à audiência trabalhista.

- A) Tratando-se a parte reclamada de pessoa jurídica de direito público, não estará sujeita à revelia em caso de não comparecimento à audiência.
- B) A prova pré-constituída nos autos não poderá ser levada em conta para confrontar com a confissão ficta.
- C) A vedação à produção de prova posterior pela parte confessa somente a ela se aplica, não afetando o exercício, pelo magistrado, do poder/dever de conduzir o processo.
- D) Ainda que ausente o reclamado e presente o advogado na audiência, não serão aceitos a contestação e os documentos eventualmente apresentados.
- E) A revelia produzirá efeitos ainda que as alegações de fato formuladas pelo reclamante sejam inverossímeis ou estejam em contradição com prova constante dos autos.

58 PROCESSO DO TRABALHO

02. (FCC – 2022 – TRT 14ª Região RO e AC – Analista Judiciário – Área Judiciária) Na audiência inicial, compareceu o reclamante Marcelo e o Preposto da Metalúrgica Setembro S/A, onde o autor trabalhava, ambos acompanhados por seus respectivos advogados. Não houve conciliação entre as partes, tendo o Juiz do Trabalho recebido a defesa e dado vista ao reclamante para manifestação. Designada audiência de instrução, saindo cientes as partes que seriam tomados seus depoimentos pessoais e a oitiva de suas testemunhas, Marcelo, injustificadamente, não compareceu, tendo sido aplicada pelo Juiz a pena de confissão quanto à matéria de fato. O advogado de Marcelo, presente, consignou seus "protestos" no tocante à aplicação da confissão quanto à matéria de fato. Nos termos da CLT e jurisprudência pacificada do TST, o

A) Juiz agiu corretamente, pois nesse caso não é cabível a determinação do arquivamento da reclamação.

B) Juiz deveria ter determinado o arquivamento da reclamação, possibilitando a Marcelo o ajuizamento de nova ação.

C) Juiz não poderia ter aplicado a pena de confissão quanto à matéria de fato a Marcelo, uma vez que tal cominação se refere somente ao réu, quando revel.

D) advogado de Marcelo deveria ingressar com Agravo de Instrumento contra a decisão do Juiz e não apenas consignar seus "protestos".

E) advogado de Marcelo deveria impetrar Mandado de Segurança contra o ato do Juiz, por ser autoridade coatora.

» GABARITO

01. C
02. A

10 DEFESA DO RÉU

10.1. PRAZO

O réu será notificado no prazo de 48 horas, inclusive quanto ao prazo para defesa, que é de no mínimo 5 dias, tendo em vista que a última parte do art. 841 diz que a audiência será a primeira desimpedida, depois de cinco dias da notificação.

Assim, considerando que a apresentação da defesa do réu permanece sendo no dia da audiência, o prazo mínimo para elaboração da contestação e juntada de documentos pelo réu é de 5 dias.

Outra observação importante está no fato de que a reforma trabalhista não veio rechaçar ou diminuir a possibilidade de defesa oral por parte do reclamado. Isso porque, o caput do art. 841 da CLT permaneceu intocável. Assim, o réu poderá apresentar normalmente sua defesa verbal (20 minutos) ou escrita.

10.2. DESISTÊNCIA DA AÇÃO

O § 3º no art. 841 aduz que o autor não poderá desistir da ação sem o consentimento do réu. Essa regra foi inspirada totalmente no art. 485, § 4º, do CPC: "oferecida a contestação, o autor não poderá, sem o consentimento do réu, desistir da ação."

10.3. APRESENTAÇÃO DE DEFESA PELO PJE ATÉ A AUDIÊNCIA

O art. 847 da CLT aduz que a defesa do réu deve ser apresentada em audiência, caso não haja acordo. No entanto o referido artigo faz referência apenas à defesa verbal, conferindo tempo de vinte minutos para o réu contestar o feito.

Ocorre que a mesma interpretação deve ser dada à defesa escrita, tornando uma faculdade do reclamado em decidir se se defenderá de forma oral ou escrita. Sendo assim, o momento processual para ambas as formas é o mesmo: na audiência.

Agora, com a inclusão do parágrafo único no art. 847, a defesa do réu, mesmo se tratando de PJe, poderá ser apresentada até a audiência. Isso significa que o reclamado poderá protocolar minutos antes da hora designada para a realização da audiência, evitando com que o autor tome conhecimento do conteúdo da defesa e documentos.

Fica, ainda, facultado ao réu apresentar defesa e documentos a qualquer momento antes da audiência, ficando sob sigilo até que o juiz desbloqueie a contestação e documentos na própria audiência.

10.4. **TIPOS DE DEFESA**

O réu possui duas formas de defesa: a contestação e a reconvenção. Isso está previsto nos artigos 335 e 343 do CPC:

> Art. 343. Na contestação, é lícito ao réu propor reconvenção para manifestar pretensão própria, conexa com a ação principal ou com o fundamento da defesa.
>
> § 1º Proposta a reconvenção, o autor será intimado, na pessoa de seu advogado, para apresentar resposta no prazo de 15 (quinze) dias.
>
> § 2º A desistência da ação ou a ocorrência de causa extintiva que impeça o exame de seu mérito não obsta ao prosseguimento do processo quanto à reconvenção.
>
> § 3º A reconvenção pode ser proposta contra o autor e terceiro.
>
> § 4º A reconvenção pode ser proposta pelo réu em litisconsórcio com terceiro.
>
> § 5º Se o autor for substituto processual, o reconvinte deverá afirmar ser titular de direito em face do substituído, e a reconvenção deverá ser proposta em face do autor, também na qualidade de substituto processual.
>
> § 6º O réu pode propor reconvenção independentemente de oferecer contestação.

Na prática, o réu poderá oferecer contestação em audiência, conforme comendo do art. 847 da CLT. Na mesma oportunidade poderá propor reconvenção, seja de forma escrita ou oral, sendo esta uma prerrogativa do réu.

10.5. **EXCEÇÕES**

O art. 799 da CLT dispõe que "nas causas da jurisdição da Justiça do Trabalho, somente podem ser opostas, com suspensão do feito, as exceções de suspeição ou incompetência."

10.5.1. EXCEÇÃO DE SUSPEIÇÃO E IMPEDIMENTO

No tocante à suspeição, o art. 801 da CLT aduz que o juiz é obrigado a se dar por suspeito, ou pode ser recursado, por algum dos seguintes motivos em relação às partes:

a. inimizade pessoal;

b. amizade íntima;

c. parentesco por consanguinidade ou afinidade até o terceiro grau civil;

d. interesse particular na causa.

Quanto ao seu procedimento, após apresentada a exceção de suspeição, o juiz ou Tribunal designará audiência dentro de 48 (quarenta e oito) horas, para instrução e julgamento da exceção.

Se a exceção de suspeição for julgada procedente, "será logo convocado para a mesma audiência ou sessão, ou para a seguinte, o suplente do membro suspeito, o qual continuará a funcionar no feito até decisão final. Proceder-se-á da mesma maneira quando algum dos membros se declarar suspeito." (art. 802, § 1º, da CLT).

Se se tratar de suspeição de Juiz de Direito investido na competência trabalhista, será este substituído na forma da organização judiciária local. (art. 802, § 2º, da CLT).

O CPC também trata do tema, nos artigos 144 e 145:

> Art. 144. Há impedimento do juiz, sendo-lhe vedado exercer suas funções no processo:
> I - em que interveio como mandatário da parte, oficiou como perito, funcionou como membro do Ministério Público ou prestou depoimento como testemunha;
> II - de que conheceu em outro grau de jurisdição, tendo proferido decisão;
> III - quando nele estiver postulando, como defensor público, advogado ou membro do Ministério Público, seu cônjuge ou companheiro, ou qualquer parente, consanguíneo ou afim, em linha reta ou colateral, até o terceiro grau, inclusive;
> IV - quando for parte no processo ele próprio, seu cônjuge ou companheiro, ou parente, consanguíneo ou afim, em linha reta ou colateral, até o terceiro grau, inclusive;
> V - quando for sócio ou membro de direção ou de administração de pessoa jurídica parte no processo;
> VI - quando for herdeiro presuntivo, donatário ou empregador de qualquer das partes;
> VII - em que figure como parte instituição de ensino com a qual tenha relação de emprego ou decorrente de contrato de prestação de serviços;
> VIII - em que figure como parte cliente do escritório de advocacia de seu cônjuge, companheiro ou parente, consanguíneo ou afim, em linha reta

62 PROCESSO DO TRABALHO

ou colateral, até o terceiro grau, inclusive, mesmo que patrocinado por advogado de outro escritório;

IX - quando promover ação contra a parte ou seu advogado.

§ 1º Na hipótese do inciso III, o impedimento só se verifica quando o defensor público, o advogado ou o membro do Ministério Público já integrava o processo antes do início da atividade judicante do juiz.

§ 2º É vedada a criação de fato superveniente a fim de caracterizar impedimento do juiz.

§ 3º O impedimento previsto no inciso III também se verifica no caso de mandato conferido a membro de escritório de advocacia que tenha em seus quadros advogado que individualmente ostente a condição nele prevista, mesmo que não intervenha diretamente no processo.

Art. 145. Há suspeição do juiz:

I - amigo íntimo ou inimigo de qualquer das partes ou de seus advogados;

II - que receber presentes de pessoas que tiverem interesse na causa antes ou depois de iniciado o processo, que aconselhar alguma das partes acerca do objeto da causa ou que subministrar meios para atender às despesas do litígio;

III - quando qualquer das partes for sua credora ou devedora, de seu cônjuge ou companheiro ou de parentes destes, em linha reta até o terceiro grau, inclusive;

IV - interessado no julgamento do processo em favor de qualquer das partes.

No prazo de 15 (quinze) dias, a contar do conhecimento do fato, a parte alegará o impedimento ou a suspeição, em petição específica dirigida ao juiz do processo, na qual indicará o fundamento da recusa, podendo instruí-la com documentos em que se fundar a alegação e com rol de testemunhas (art. 146 do CPC).

Se reconhecer o impedimento ou a suspeição ao receber a petição, o juiz ordenará imediatamente a remessa dos autos a seu substituto legal, caso contrário, determinará a autuação em apartado da petição e, no prazo de 15 (quinze) dias, apresentará suas razões, acompanhadas de documentos e de rol de testemunhas, se houver, ordenando a remessa do incidente ao tribunal. (§ 1º do art. 146 do CPC).

10.5.2. EXCEÇÃO DE INCOMPETÊNCIA TERRITORIAL

O **prazo** para apresentar exceção de incompetência territorial é de cinco dias, contados a partir do recebimento da notificação inicial, devendo ser apresentada, por consequência lógica, antes da audiência (art. 800 da CLT). Ultrapassado esse prazo, precluso estará o direito de apresentar exceção de incompetência territorial.

Considerando que é na audiência trabalhista que o réu deverá apresentar defesa oral ou escrita, bem como juntar documentos, temos que a intenção do legislador foi de instituir a obrigatoriedade de apresentar exceção de incompetência territorial em peça apartada da contestação, pois utilizou-se da expressão "em peça que sinalize a existência desta exceção"

Num primeiro momento essa mudança aparenta um retrocesso, pois antes da reforma a exceção era apresentada no "corpo" da contestação, simplificando o ato processual, como ocorre no processo civil (art. 337, II), o qual se inspirou no processo do trabalho, pois era assim no procedimento trabalhista antes da reforma.

Porém, analisando com maior profundidade, em termos práticos, tem-se que a mudança veio a calhar, pois antes da reforma o réu apresentava exceção de incompetência territorial juntamente com a contestação e o juízo só apreciava, na sua maioria, na oportunidade da sentença. Sendo procedente a exceção, o juízo encaminhava todo o processo ao juízo competente, após a prática da instrução processual.

Agora, com a mudança, esse incidente processual será resolvido antes de iniciar propriamente dito a instrução processual, antes mesmo da apresentação da defesa pelo réu.

Além disso, essa mudança é positiva também pelo fato de que inibe uma prática corriqueira no processo trabalhista: manobras de alguns autores para dificultar e tornar mais onerosa a defesa do réu, propondo a reclamatória em locais distantes.

No tocante à **suspensão do processo** (§ 1º do art. 800 da CLT), recebida a exceção de incompetência territorial, o juízo deverá suspender o processo e cancelar a audiência já designada, suspendendo também o prazo para o réu apresentar contestação, visto que sem audiência o reclamado não terá como apresentar defesa e juntar documentos, pois a regra no processo do trabalho determina que esse ato seja realizado em audiência (art. 847 da CLT).

Isso evita que o réu tenha que se deslocar até a vara do trabalho que poderá ser muito longe do foro que ele acredita ser o competente para apreciar e julgar a ação.

Recebida a exceção de incompetência territorial, após suspender o processo e cancelar a audiência inicial, o juízo deverá intimar o autor para **manifestar-se** acerca da exceção apresentada pelo réu, dentro do prazo de cinco dias (§ 2º do art. 800 da CLT).

No caso de litisconsórcio ativo, o prazo será comum de cinco dias. Ou seja, todos os autores terão o mesmo prazo.

Pensamos que no silêncio do autor ou dos autores, o juízo deverá considerar como verdadeira as alegações da exceção de incompetência territorial apresentada pelo réu e acolhê-la, visto que tal manifestação consiste em contestação dos argumentos do reclamado, sendo o silêncio uma espécie de revelia do autor.

Caso haja necessidade de **produção de provas**, o juízo designará **audiência**, sendo esta uma prerrogativa única do juízo, o qual decidirá se ouve ou não as testemunhas (§ 3º do art. 800 da CLT).

O indeferimento do juízo quanto ao pedido de prova oral pelo réu ou autor não acarreta cerceamento de defesa, pois a matéria será apreciada de acordo com as provas dos autos. Não havendo provas suficientes nos autos, o juiz deverá intimar as partes para apresentarem rol de testemunhas ou designar direto a audiência e informar que as partes poderão trazer testemunhas independentemente de intimação.

Da decisão da exceção de incompetência poderá haver recurso, diz-se "poderá" porque das decisões sobre exceções de suspeição e incompetência, salvo, quanto a estas, se terminativas do feito, não caberá recurso, podendo, no entanto, as partes alegá-las novamente no recurso que couber da decisão final (§ 2º do art. 799 da CLT).

Assim, caso juízo acolha ou não a exceção de incompetência territorial, a parte excipiente somente poderá recorrer da decisão na oportunidade do recurso ordinário após a sentença proferida pelo juízo declarado competente.

Todavia, conforme súmula 214 do TST, na Justiça do Trabalho, nos termos do art. 893, § 1º, da CLT, as decisões interlocutórias não ensejam recurso imediato, salvo nas hipóteses de decisão: **a)** de Tribunal Regional do Trabalho contrária à Súmula ou Orientação Jurisprudencial do Tribunal Superior do Trabalho; **b)** suscetível de impugnação mediante recurso para o mesmo Tribunal; **c)** que acolhe exceção de incompetência territorial, com a remessa dos autos para Tribunal Regional distinto daquele a que se vincula o juízo excepcionado, consoante o disposto no art. 799, § 2º, da CLT.

Em resumo:

a. Juízo acolhe exceção de incompetência territorial e encaminha os autos para outro juízo do mesmo TRT: não cabe recurso de imediato, apenas após a sentença;

b. Juízo não acolhe a exceção de incompetência territorial: não cabe recurso de imediato, apenas após a sentença;

c. Juízo acolhe exceção de incompetência territorial e encaminha os autos para outro juízo de TRT de outra região: cabe recurso ordinário para o TRT do juízo que proferiu a decisão.

10.6. CONTESTAÇÃO

É na contestação que o réu deverá alegar toda a matéria de defesa, expondo as razões de fato e de direito com que impugna o pedido do autor e especificando as provas que pretende produzir (art. 336 do CPC).

A parte final do art. 336 do CPC não é aplicada a risca no processo do trabalho, pois na prática se aplica o art. 845 da CLT, o qual diz que as partes deverão comparecer em audiência acompanhadas de suas testemunhas e apresentar demais provas.

Ainda, a contestação não aborda apenas o mérito da ação, mas também questões inerentes ao próprio processo, como é o caso das preliminares de mérito.

Conforme nos ensina o art. 337, incumbe ao réu, antes de discutir o mérito, alegar as preliminares abaixo. Assim, passa-se a destacar as principais preliminares de mérito previstas no referido artigo e que são aplicáveis ao processo do trabalho:

10.6.1. INEXISTÊNCIA OU NULIDADE DA CITAÇÃO

No processo do trabalho a citação é representada pela notificação inicial do réu, onde este toma conhecimento de que tramita contra ele uma reclamatória trabalhista e já é intimado no mesmo ato para comparecer em audiência.

Essa audiência, que será também a oportunidade de apresentar defesa e juntar documentos, deverá ter um prazo mínimo de 5 dias entre a notificação e a data da audiência.

Sendo assim, caso o prazo mínimo de 5 dias entre a notificação e a data da audiência não for respeitado, bem como na ausência completa de notificação do réu, teremos uma causa de nulidade processual a ser apresentada em preliminar de mérito.

10.6.2. INCOMPETÊNCIA ABSOLUTA E RELATIVA

No processo do trabalho a incompetência absoluta, por afetar o mérito propriamente dito, deve ser arguida em contestação. Já a incompetência relativa será arguida por meio de exceção, conforme preceitua o art. 800 da CLT.

A incompetência absoluta, mesmo se o réu não alegar, o juiz deverá decretá-la, esteja o processo em primeira ou segunda instância.

Inclusive, não há preclusão acerca da incompetência absoluta, desde que o processo não tenha alcançado o trânsito em julgado.

10.6.3. INCORREÇÃO DO VALOR DA CAUSA

Trata-se de impugnação ao valor da causa quando o autor apresenta um valor muito além ou, nos casos mais comuns, um valor abaixo do que realmente vale a demanda.

Na verdade, de ofício o juiz poderá modificar o valor da causa ou intimar o autor para que emende a inicial e apresente o valor correto da demanda.

10.6.4. INÉPCIA DA PETIÇÃO INICIAL

O art. 840, § 3º da CLT apresenta os requisitos da petição inicial, assim como o art. 330, § 1º do CPC também. Logo, quando a petição inicial não estiver em conformidade com os referidos dispositivos, teremos uma petição inepta.

Ressaltando que a inépcia da petição inicial poderá ser em relação a apenas um dos pedidos, parte deles ou na sua totalidade.

10.6.5. LITISPENDÊNCIA E COISA JULGADA

Nos termos do § 1º do art. 337 da CLT, verifica-se a litispendência ou a coisa julgada quando se reproduz ação anteriormente ajuizada. Uma ação é idêntica a outra quando possui as mesmas partes, a mesma causa de pedir e o mesmo pedido (§ 2º do art. 337 da CLT).

10.6.6. CONEXÃO OU CONTINÊNCIA

Haverá conexão quando duas ou mais ações tiverem pedidos ou causa de pedir comum devendo os processos serem reunidos para decisão conjunta, salvo nos casos em que um deles já houver sido sentenciado. (art. 55, § 1º, do CPC).

Ainda, serão reunidos para julgamento conjunto os processos que possam gerar risco de prolação de decisões conflitantes ou contraditórias caso decididos separadamente, mesmo sem conexão entre eles. (art. 55, § 3º, do CPC).

Já a continência ocorre quando 2 (duas) ou mais ações possuem identidade quanto às partes e à causa de pedir, porém o pedido de uma, por ser mais amplo, abrange o das demais. (art. 56 do CPC).

10.6.7. AUSÊNCIA DE LEGITIMIDADE OU DE INTERESSE PROCESSUAL

No processo poderá ocorrer ilegitimidade passiva do réu ou ilegitimidade ativa do autor acerca de algum tema, ou até mesmo falta de interesse processual acerca de alguma verba já paga.

10.6.8. INDEVIDA CONCESSÃO DO BENEFÍCIO DE GRATUIDADE DE JUSTIÇA

Aqui o réu deve impugnar o pedido de benefício da justiça gratuita formulado pelo autor, caso este não preencha os requisitos legais para sua concessão, nos termos do § 3º do art. 790 da CLT.

10.7. MÉRITO DA CONTESTAÇÃO

A contestação deve ser específica, não podendo ser genérica, negando superficialmente os pedidos da petição inicial, sob pena de serem considerados como verdade os fatos alegados pelo autor.

10.7.1. FATOS IMPEDITIVOS, MODIFICATIVOS OU EXTINTIVOS

O réu tem o dever legal de apontar os fatos impeditivos, modificativos e extintivos do direito do autor, conforme dispõe o art. 818, II, da CLT.

Fato **impeditivo** é aquele que obsta o direito do autor. Não se trata do mérito do direito, mas algum fato de impede com que o autor alcance esse direito.

Fato **modificativo** é aquele que altera a relação jurídica construído pelo autor na petição inicial. Exemplo bem clássico é o pedido de vínculo de emprego, onde o réu alega em contestação que o autor era profissional autônomo. Trata-se de uma modificação da relação jurídica alegada pelo autor na inicial.

Fato **extintivo** é aquele que encerrar a pretensão do autor a ponto de ser indeferido o pedido. Como por exemplo na situação em que o autor alega que recebia salário por fora, mas na verdade se tratava de vale combustível com previsão em norma coletiva.

10.7.2. PRESCRIÇÃO

A prescrição trabalhista é matéria prevista na Constituição Federal, em seu art. 7º, XXIX, o qual diz que todo trabalhador tem o direito de ação, quanto aos créditos resultantes das relações de trabalho, com prazo prescricional de cinco anos para os trabalhadores urbanos e rurais, até o limite de dois anos após a extinção do contrato de trabalho.

2 anos: prazo limite para entrar com a ação, iniciando a contagem no dia seguinte ao término do contrato de trabalho.

5 anos: começa a contar a partir do ajuizamento da ação, conta-se para trás.

Na mesma linha é o art. 11 da CLT: "A pretensão quanto a créditos resultantes das relações de trabalho prescreve em cinco anos para os trabalhadores urbanos e rurais, até o limite de dois anos após a extinção do contrato de trabalho."

Porém, tais prazos prescricionais não se aplicam aos casos em que o reclamante tenha como pretensão o reconhecimento de vínculo de emprego para fins de prova junto ao INSS. Isso está previsto no § 2º do art. 11 da CLT.

A contagem do termo inicial da prescrição se dá a partir do término do aviso prévio, nos termos da OJ 83 da SDI-I do TST:

> AVISO PRÉVIO. INDENIZADO. PRESCRIÇÃO. A prescrição começa a fluir no final da data do término do aviso prévio. Art. 487, § 1º, da CLT.

10.7.2.1. PRESCRIÇÃO TOTAL E PARCIAL:

A inclusão do § 2º no art. 11 da CLT, pela reforma trabalhista, foi inspirada na súmula 294 do TST, pois é quase uma cópia literal do seu texto: "tratando-se de ação que envolva pedido de prestações sucessivas decorrente de alteração do pactuado, a prescrição é total, exceto quando o direito à parcela esteja também assegurado por preceito de lei." Foi substituído, acertadamente, a expressão "ação" por "pretensão", tendo em vista que o objeto da prescrição não é a ação, mas sim a pretensão quanto às verbas sucessivas.

Numa linha bem geral: tudo depende da natureza da verba, vejamos:

Um empregado que deixa de receber, por ato do empregador e no curso do contrato de trabalho, adicional de insalubridade que lhe é devido. Essa obrigação se renova mês a mês por força de lei, portanto, o direito também se renova mês a mês, logo, a prescrição será sempre parcial. Por exemplo: se o empregado deixou de receber o adicional de insalubridade em fevereiro de 2008 até março de 2017 (data da sua dispensa), e entra com uma reclamação trabalhista em abril de 2017, ele poderá cobrar mês a mês os valores relativos ao adicional de insalubridade, limitado aos últimos cinco anos para trás (prescrição parcial).

Por outro lado, quando a natureza da obrigação não deriva da lei, isto é, foi pactuada entre as partes, como por exemplo, uma premiação devida ao empregado, essa prescrição é total. Por exemplo: o empregador não pagou a premiação devida no mês de fevereiro de 2008 ao seu empregado. Em março de 2017 esse empregado é desligado da empresa e, querendo cobrar sua premiação, aciona o seu antigo patrão na Justiça do Trabalho em abril de 2017. Diante disso questiona-se: o empregado poderá cobrar do patrão a premiação de fevereiro de 2008? Claro que não, pois já se passaram mais de 5 anos desde o dia em que o seu direito nasceu. Essa é a prescrição total que a súmula 294 do TST se refere, a mesma consagrada pelo § 2º do art. 11 da lei 13.467/2017.

10.7.2.2. INTERRUPÇÃO DA PRESCRIÇÃO:

Antes da entrada em vigor da lei 13.467/2017, aplicava-se subsidiariamente o disposto no art. 202 do Código Civil:

> Art. 202. A interrupção da prescrição, que somente poderá ocorrer uma vez, dar-se-á:
> I - por despacho do juiz, mesmo incompetente, que ordenar a citação, se o interessado a promover no prazo e na forma da lei processual;
> II - por protesto, nas condições do inciso antecedente;
> III - por protesto cambial;
> IV - pela apresentação do título de crédito em juízo de inventário ou em concurso de credores;
> V - por qualquer ato judicial que constitua em mora o devedor;
> VI - por qualquer ato inequívoco, ainda que extrajudicial, que importe reconhecimento do direito pelo devedor. Parágrafo único. A prescrição interrompida recomeça a correr da data do ato que a interrompeu, ou do último ato do processo para a interromper.

Com a nova redação da CLT inserida pelo § 3º, a prescrição somente será interrompida pelo ajuizamento de reclamação trabalhista, mesmo que em juízo incompetente, ainda que venha a ser arquivada, conforme aduz a súmula 268[3] do TST. Afasta-se, portanto, a possibilidade de interrupção da prescrição por medidas extrajudiciais.

Todavia, temos que ter cautela na análise desse dispositivo que restringe a interrupção da prescrição apenas pela via judicial. Isso porque, partindo-se do pressuposto que todos são iguais perante a lei, sem

---

3 Súmula nº 268 do TST
PRESCRIÇÃO. INTERRUPÇÃO. AÇÃO TRABALHISTA ARQUIVADA. A ação trabalhista, ainda que arquivada, interrompe a prescrição somente em relação aos pedidos idênticos.

distinção de qualquer natureza, garantindo-se, entre outros, os direitos à liberdade e à igualdade (CF, art. 5º, *caput*), "não há como se aceitar que, doravante, o trabalhador brasileiro seja restringido em sua liberdade e forçado pelo legislador, sem justificativa plausível, a realizar interrupção prescricional exclusivamente pela via jurisdicional da reclamação trabalhista, diferentemente do que está reservado aos demais cidadãos brasileiros, que têm a seu favor as possibilidades informais desburocratizantes do art. 202 do CC, que lhes confere plena liberdade para, também extrajudicialmente, proceder à defesa de seus direitos por meio da oportuna interrupção do lapso prescricional da forma que melhor convier"[4].

Antes da reforma trabalhista, a possibilidade de interrupção da prescrição por meio do protesto judicial era pacificada, nos termos da OJ 392 da SDI-I do TST:

> PRESCRIÇÃO. INTERRUPÇÃO. AJUIZAMENTO DE PROTESTO JUDICIAL. MARCO INICIAL. O protesto judicial é medida aplicável no processo do trabalho, por força do art. 769 da CLT e do art. 15 do CPC de 2015. O ajuizamento da ação, por si só, interrompe o prazo prescricional, em razão da inaplicabilidade do § 2º do art. 240 do CPC de 2015 (§ 2º do art. 219 do CPC de 1973), incompatível com o disposto no art. 841 da CLT.

10.8. COMPENSAÇÃO E DEDUÇÃO

A CLT dispõe que a compensação somente poderá ser arguida como matéria de defesa, conforme art. 767. Isso significa dizer que compensação ou dedução é matéria de mérito de contestação.

Inclusive, a súmula 48 do TST aduz que "a compensação só poderá ser arguida como a contestação." Ou seja, se o réu não apresentar um tópico de compensação na sua defesa, a matéria estará precluída.

Importante mencionar que a compensação tem que estar ligada à dívida de natureza trabalhista, conforme preceitua a súmula 18 do TST: "A compensação, na Justiça do Trabalho, está restrita a dívidas de natureza trabalhista." Assim, não se admite no processo do trabalho a compensação de verbas de natureza comercial ou cível.

Ainda, cabe ressaltar que "qualquer compensação no pagamento das verbas rescisórias do empregado não poderá exceder o equivalente a um mês de remuneração do empregado." (§ 5º do art. 477 da CLT).

---

4 SOUZA JÚNIOR. Antonio Humberto de; SOUZA. Fabiano Coelho de. MARANHÃO. Ney. AZEVEDO NETO. Planton Teixeira de. **Reforma Trabalhista. Análise comparativa e crítica da Lei nº 13.467/2017**. São Paulo: Rideel, 2017, pág. 33.

Logo, a compensação necessidade de pedido expresso feito pelo réu.

Por outro lado, a dedução não exige pedido expresso do réu, pois poderá ser, inclusive, deferida de ofício para se evitar o enriquecimento se causa do reclamante. Exemplo: dedução dos valores já pagos pela empresa durante o contrato, sendo devido no processo apenas eventual diferença de valor.

Então, compensação tem ligação com alguma dívida de natureza trabalhista, já a dedução é apenas a redução do valor adquirido no processo por quitação parcial da dívida em época própria.

10.9. **RECONVENÇÃO**

Reconvenção é o ataque do réu em face do autor dentro do mesmo processo. É uma outra ação proposta pelo réu na mesma relação processual.

Porém, alguns pressupostos precisam ser satisfeitos para que a reconvenção seja conhecida e julgada.

Aplica-se ao processo do trabalho a previsão do art. 343 do CPC:

> Art. 343. Na contestação, é lícito ao réu propor reconvenção para manifestar pretensão própria, conexa com a ação principal ou com o fundamento da defesa.
>
> § 1º Proposta a reconvenção, o autor será intimado, na pessoa de seu advogado, para apresentar resposta no prazo de 15 (quinze) dias.
>
> § 2º A desistência da ação ou a ocorrência de causa extintiva que impeça o exame de seu mérito não obsta ao prosseguimento do processo quanto à reconvenção.
>
> § 3º A reconvenção pode ser proposta contra o autor e terceiro.
>
> § 4º A reconvenção pode ser proposta pelo réu em litisconsórcio com terceiro.
>
> § 5º Se o autor for substituto processual, o reconvinte deverá afirmar ser titular de direito em face do substituído, e a reconvenção deverá ser proposta em face do autor, também na qualidade de substituto processual.
>
> § 6º O réu pode propor reconvenção independentemente de oferecer contestação.

No caso, a reconvenção trabalhista deve ter por objeto demandas de natureza trabalhista e o juiz da causa principal deve ser competente para julgar a reconvenção também.

Aplica-se à reconvenção os mesmos institutos da defesa do réu, revelia e confissão ficta.

+ EXERCÍCIOS DE FIXAÇÃO

01. (FCC – 2022 – TRT 5ª Região BA – Analista Judiciário – Área Judiciária) A fábrica de chocolates Socacau recebeu reclamação trabalhista ajuizada por Sócrates, a qual foi distribuída no Foro de Salvador, local onde reside o autor. Tendo em vista que a ré pretende o deslocamento do foro para Feira de Santana, com base na Consolidação das Leis do Trabalho deverá arguir a exceção de incompetência territorial,

A) em audiência, juntamente com a defesa, como preliminar, sinalizando a existência desta exceção.

B) no prazo de dez dias a contar da notificação, antes da audiência e em peça que sinalize a existência desta exceção.

C) no prazo de até cinco dias que antecede a audiência e em peça que sinalize a existência desta exceção.

D) em audiência, em peça apartada da defesa, que sinalize a existência desta exceção.

E) no prazo de cinco dias a contar da notificação, antes da audiência e em peça que sinalize a existência desta exceção.

02. (FGV – 2022 – TRT 13ª Região PB – Analista Judiciário – Oficial de Justiça Avaliador Federal) Eduarda ajuizou reclamação trabalhista contra o seu empregador, que foi distribuída para a 5ª Vara do Trabalho de Itaporanga/PB. A juíza titular designou audiência telepresencial. No dia e hora marcados, Eduarda compareceu com seu advogado, a empresa restou ausente, mas o advogado da reclamada estava presente, informando que no dia anterior havia protocolizado pelo Processo Judicial Eletrônico (PJe) sua defesa com documentos. O advogado de Eduarda requereu a aplicação da revelia e confissão, bem como a exclusão imediata da defesa e documentos apresentados. Considerando a situação e os termos da CLT, assinale a afirmativa correta.

A) Deverão ser aceitos a contestação e os documentos apresentados.

B) Por se tratar de audiência telepresencial, não poderá haver qualquer punição.

C) Defesa e documentos juntados deverão obrigatoriamente ser excluídos.

D) O juiz deverá analisar o caso concreto e decidir se a defesa e documentos devem ou não permanecer nos autos.

E) Os documentos poderão permanecer nos autos, mas a defesa deve ser excluída.

» GABARITO

01. E
02. A

PROVAS

II.I. OBJETO DA PROVA

A prova deve versar sobre todo fato relevante e controvertido do processo.

Fala-se em fato relevante, pois nem todo fato depende de prova, tais como os elencados no art. 374 do CPC:

> Art. 374. Não dependem de prova os fatos:
> I - notórios;
> II - afirmados por uma parte e confessados pela parte contrária;
> III - admitidos no processo como incontroversos;
> IV - em cujo favor milita presunção legal de existência ou de veracidade.

II.2. ÔNUS DA PROVA

O art. 818 da CLT dispõe que o ônus da prova incumbe à parte que as dizer. A mudança do referido dispositivo pela lei 13.467/2017 trouxe um texto que a jurisprudência trabalhista já entendia:

> RECURSO DE REVISTA. VÍNCULO DE EMPREGO. ÔNUS DA PROVA. In casu, a condenação da reclamada decorreu da inversão do ônus da prova, uma vez que, ao alegar em contestação, que o de cujus jamais fez parte de seu quadro funcional, segundo o Regional, a reclamada atraiu para si o encargo de demonstrar a ausência de vínculo empregatício. A regra da distribuição do ônus da prova, nos termos do artigo 333 do CPC, é a de que cabe ao autor a prova do fato constitutivo de seu direito, e ao réu, o da existência do fato impeditivo, modificativo ou extintivo do direito do autor. Ademais, a teor do art. 818 da CLT , a prova das alegações incumbe à parte que as fizer. Desse modo, uma vez negada a prestação de serviços, incumbe ao empregado o ônus da prova do fato constitutivo do seu direito, o que, pelo que se extrai do quadro descrito pelo Regional, não foi feito satisfatoriamente. (RR 1684-04.2012.5.12.0026. Orgão Julgador 8ª Turma. Publicação DEJT 20/02/2015. Julgamento 11 de Fevereiro de 2015. Relator Dora Maria da Costa)
> ÔNUS DA PROVA - DISTRIBUIÇÃO - ARTIGOS 818 DA CLT E 373 DO CPC 2015). Compete ao autor o ônus de provar o fato constitutivo do seu direito e ao réu os impeditivos, modificativos e extintivos. (RO

0003239-14.2013.5.01.0451. Orgão Julgador Primeira Turma. Publicação 19/12/2016. Julgamento 6 de Dezembro de 2016. Relator Mery Bucker Caminha)

A regra da distribuição do ônus da prova já era inspirada no antigo art. 333 do CPC de 1973 e posteriormente no art. 373 do atual CPC. O legislador transcreveu quase integralmente a redação do referido dispositivo:

> Art. 373. O ônus da prova incumbe:
> I - ao autor, quanto ao fato constitutivo de seu direito;
> II - ao réu, quanto à existência de fato impeditivo, modificativo ou extintivo do direito do autor.
> § 1º Nos casos previstos em lei ou diante de peculiaridades da causa relacionadas à impossibilidade ou à excessiva dificuldade de cumprir o encargo nos termos do caput ou à maior facilidade de obtenção da prova do fato contrário, poderá o juiz atribuir o ônus da prova de modo diverso, desde que o faça por decisão fundamentada, caso em que deverá dar à parte a oportunidade de se desincumbir do ônus que lhe foi atribuído.
> § 2º A decisão prevista no § 1º deste artigo não pode gerar situação em que a desincumbência do encargo pela parte seja impossível ou excessivamente difícil.
> § 3º A distribuição diversa do ônus da prova também pode ocorrer por convenção das partes, salvo quando:
> I - recair sobre direito indisponível da parte;
> II - tornar excessivamente difícil a uma parte o exercício do direito.
> § 4º A convenção de que trata o § 3o pode ser celebrada antes ou durante o processo.

A distribuição dinâmica do ônus da prova do CPC aplica-se por força de lei ao processo do trabalho, podendo o juízo atribuir ônus da prova diferenciado dependendo da peculiaridade do caso e do fato que precisa ser provado, incumbindo a uma parte o encargo probatório de uma determinada prova, desde que haja real impossibilidade ou excessiva dificuldade de cumprir o encargo. Todavia, o juízo deverá conferir à parte a oportunidade de se desincumbir do ônus que lhe foi atribuído, abrindo prazo para defesa e ampla manifestação, inclusive com a juntada de novos documentos que facilitem o entendimento do magistrado(a).

A decisão mencionada no parágrafo anterior (§ 1º do art. 818) deverá ser proferida antes da abertura da instrução processual, a fim de proporcionar à parte amplas condições de defesa.

Ainda, a requerimento da parte interessada, a audiência de instrução processual deverá ser adiada, a fim de possibilitar a prova dos fatos por qualquer meio em direito admitido.

EDGAR HERZMANN **75**

Há quem defenda que a referida decisão acerca da distribuição dinâmica do ônus da prova poderá ocorrer antes da sentença, mesmo após a audiência de instrução processual, desde que o juízo confira à parte o direito de se desincumbir do encargo, nos termos do § 1º. Entretanto, deixar para decidir tal questão crucial para o processo após a realização da audiência processual poderá gerar morosidade ao processo e retardar a prestação jurisdicional, sem falar que poderá prejudicar a parte interessada em produzir provas em audiência (prova testemunhal). Nesse caso, o juízo deverá, a requerimento da parte, designar, se for o caso, nova audiência para oitiva de testemunhas.

A melhor forma de resolver a redistribuir o ônus da prova é utilizar do bom senso e da razoabilidade, não permitindo com que uma parte seja beneficiada em seu encargo em detrimento da sobrecarga probatória da outra, a fim de permitir uma melhor resolução da lide sem prejudicar e cometer injustiças.

II.3. **MEIOS DE PROVA**

As partes possuem os seguintes meios de prova:

II.3.I. **DEPOIMENTO PESSOAL:**

O depoimento pessoal da parte é uma das formas mais eficazes de prova, visto que é nesse momento que a confissão poderá ser evidenciada. Assim, a confissão é o objetivo principal do depoimento pessoal da parte.

A confissão real é aquele em que a parte diretamente confessa algo, possuindo presunção absoluta. Já a confissão ficta possui presunção relativa, pois poderá ser confrontada com outros meios de prova. Exemplo de confissão ficta: ausência de uma das partes na audiência de instrução processual.

Nesse sentido, a súmula 74 do TST aduz:

CONFISSÃO.
I - Aplica-se a confissão à parte que, expressamente intimada com aquela cominação, não comparecer à audiência em prosseguimento, na qual deveria depor. (ex-Súmula nº 74 - RA 69/1978, DJ 26.09.1978)
II - A prova pré-constituída nos autos pode ser levada em conta para confronto com a confissão ficta (arts. 442 e 443, do CPC de 2015 - art. 400, I, do CPC de 1973), não implicando cerceamento de defesa o indeferimento de provas posteriores. (ex-OJ nº 184 da SBDI-1 - inserida em 08.11.2000)
III- A vedação à produção de prova posterior pela parte confessa somente a ela se aplica, não afetando o exercício, pelo magistrado, do poder/dever de conduzir o processo.

Está previsto no art. 848 da CLT: "Terminada a defesa, seguir-se-á a instrução do processo, podendo o presidente, *ex officio* ou a requerimento de qualquer juiz temporário, interrogar os litigantes."

Qualquer das partes poderá requerer o depoimento da outra, nos termos do art. 820 da CLT: "As partes e testemunhas serão inquiridas pelo juiz ou presidente, podendo ser reinquiridas, por seu intermédio, a requerimento dos vogais, das partes, seus representantes ou advogados."

II.3.2. TESTEMUNHAS:

É o meio de prova mais comum nos processos trabalhista, e ao mesmo tempo o mais complicado em ternos de segurança. Em muitos casos o processo é resolvido integralmente com base em provas testemunhais.

Qualquer pessoa pode ser testemunha, desde que esteja plenamente no exercício da sua capacidade civil e desde que não esteja enquadrada em alguma hipótese legal de impedimento, como ser amigo ou inimigo da parte.

O art. 228 do Código Civil trata do tema, ao assim determinar:

> Art. 228. Não podem ser admitidos como testemunhas:
> I - os menores de dezesseis anos;
> II - (Revogado);
> III - (Revogado);
> IV - o interessado no litígio, o amigo íntimo ou o inimigo capital das partes;
> V – os cônjuges, os ascendentes, os descendentes e os colaterais, até o terceiro grau de alguma das partes, por consanguinidade, ou afinidade.

Todavia, para a prova de fatos que só as pessoas acima mencionadas conheçam, pode o juiz admitir o depoimento deles (§ 1º do art. 228 do CC).

Nesses casos, no processo do trabalho, o juiz toma o depoimento da testemunha como mero informante, conforme determina o art. 829 da CLT: "A testemunha que for parente até o terceiro grau civil, amigo íntimo ou inimigo de qualquer das partes, não prestará compromisso, e seu depoimento valerá como simples informação."

Lembrando que, segundo a súmula 357 do TST, não torna suspeita a testemunha o simples fato de estar litigando ou de ter litigado contra o mesmo empregador.

Quanto ao número de testemunhas, no procedimento ordinário cada parte poderá ouvir até três testemunhas (art. 821 da CLT). No procedimento sumaríssimo duas por parte (§ 2º do art. 852-H da CLT) e no inquérito para apuração de falta grave seis por parte (art. 821 da CLT).

Ainda, no processo do trabalho não há a obrigatoriedade de arrolar previamente as testemunhas, pois as testemunhas comparecerão a audiência independentemente de notificação ou intimação (art. 825 da CLT), e serão convidadas pelas partes, as quais comparecerão à audiência acompanhados das suas testemunhas, apresentando, nessa ocasião, as demais provas (art. 845 da CLT).

Cada testemunhas será ouvida isoladamente, de modo que o depoimento de uma testemunha não seja ouvido pelas demais que tenham de depor no processo (art. 824 da CLT).

Toda testemunha, antes de prestar o compromisso legal, será qualificada, indicando o nome, nacionalidade, profissão, idade, residência, e, quando empregada, o tempo de serviço prestado ao empregador, ficando sujeita, em caso de falsidade, às leis penais (art. 828 da CLT).

Os depoimentos das testemunhas serão resumidos, por ocasião da audiência, pelo secretário de audiência ou funcionário para esse fim designado (parágrafo único do art. 828 da CLT).

II.3.3. DOCUMENTOS:

A prova documental é muito usada no processo trabalhista, e está prevista de forma esparsa na CLT, nos seguintes artigos:

> Art. 777. Os requerimentos e documentos apresentados, os atos e termos processuais, as petições ou razões de recursos e quaisquer outros papéis referentes aos feitos formarão os autos dos processos, os quais ficarão sob a responsabilidade dos escrivães ou chefes de secretaria.
> Art. 780. Os documentos juntos aos autos poderão ser desentranhados somente depois de findo o processo, ficando traslado.
> Art. 787. A reclamação escrita deverá ser formulada em 2 (duas) vias e desde logo acompanhada dos documentos em que se fundar.
> Art. 830. O documento em cópia oferecido para prova poderá ser declarado autêntico pelo próprio advogado, sob sua responsabilidade pessoal.
> Parágrafo único. Impugnada a autenticidade da cópia, a parte que a produziu será intimada para apresentar cópias devidamente autenticadas ou o original, cabendo ao serventuário competente proceder à conferência e certificar a conformidade entre esses documentos.

Lembrando que o momento processual para produção de prova documental é na ocasião do protocolo da petição inicial e no oferecimento da defesa, ou em outro prazo conferido pelo juiz no decorrer do processo.

Porém, é permitido às partes, em qualquer tempo, juntar aos autos documentos novos, quando destinados a fazer prova de fatos ocorridos depois dos articulados ou para contrapô-los aos que foram produzidos nos autos (art. 435 do CPC).

Admite-se também a juntada posterior de documentos formados após a petição inicial ou a contestação, bem como dos que se tornaram conhecidos, acessíveis ou disponíveis após esses atos, cabendo à parte que os produzir comprovar o motivo que a impediu de juntá-los anteriormente e incumbindo ao juiz decidir se aceita ou não (parágrafo único do art. 435 do CPC).

Ainda, nos termos da súmula 8 do TST, a juntada de documentos na fase recursal só se justifica quando provado o justo impedimento para sua oportuna apresentação ou se referir a fato posterior à sentença.

Por fim, vale lembrar que vigora no processo do trabalho o princípio da primazia da realidade, segundo o qual os fatos vividos pelas partes se sobrepõem aos documentos assinados. Significa que, por exemplo, se formalmente o empregado assinou o recibo de férias, mas na prática não recebeu, se isso ficar demonstrado nos autos, valerá o fato e não o documento.

II.3.4. PERÍCIA:

Dispõe o art. 156 do CPC que "o juiz será assistido por perito quando a prova do fato depender de conhecimento técnico ou científico."

Sobre prova pericial, o art. 464 do CPC assim determina:

> Art. 464. A prova pericial consiste em exame, vistoria ou avaliação.
> § 1º O juiz indeferirá a perícia quando:
> I - a prova do fato não depender de conhecimento especial de técnico;
> II - for desnecessária em vista de outras provas produzidas;
> III - a verificação for impraticável.
> § 2º De ofício ou a requerimento das partes, o juiz poderá, em substituição à perícia, determinar a produção de prova técnica simplificada, quando o ponto controvertido for de menor complexidade.
> § 3º A prova técnica simplificada consistirá apenas na inquirição de especialista, pelo juiz, sobre ponto controvertido da causa que demande especial conhecimento científico ou técnico.
> § 4º Durante a arguição, o especialista, que deverá ter formação acadêmica específica na área objeto de seu depoimento, poderá valer-se de qualquer recurso tecnológico de transmissão de sons e imagens com o fim de esclarecer os pontos controvertidos da causa.

No processo do trabalho, havendo pedido de insalubridade ou periculosidade, o juiz deverá designar perícia, pois a caracterização e a classificação da insalubridade e da periculosidade, segundo as normas do Ministério do Trabalho, far-se-ão através de perícia a cargo de Médico do Trabalho ou Engenheiro do Trabalho, registrados no Ministério do Trabalho (art. 195 e § 2º da CLT).

No mesmo sentido é a OJ 278 da SDI-1 do TST:

> ADICIONAL DE INSALUBRIDADE. PERÍCIA. LOCAL DE TRABALHO DESATIVA-DO. A realização de perícia é obrigatória para a verificação de insalubridade. Quando não for possível sua realização, como em caso de fechamento da empresa, poderá o julgador utilizar-se de outros meios de prova.

Por fim, vale dizer que o juiz não está subordinado à prova técnica, podendo decidir conforma seu livre convencimento motivado e de acordo com as demais provas nos autos.

II.3.5. PROVA EMPRESTADA:

É aquela prova produzida em outro processo e aproveitada no processo em questão. Está prevista no art. 372 do CPC: "O juiz poderá admitir a utilização de prova produzida em outro processo, atribuindo-lhe o valor que considerar adequado, observado o contraditório."

Esse procedimento se aplica ao processo do trabalho por força do art. 769 do CPC.

✦ EXERCÍCIOS DE FIXAÇÃO

01. (FUMARC – 2022 – TRT 3ª Região MG – Analista Judiciário – Oficial de Justiça Avaliador Federal) Em relação às provas, nos termos da legislação vigente, é INCORRETO afirmar:

A) A testemunha que for parente até o terceiro grau civil, amigo íntimo ou inimigo de qualquer das partes, não prestará compromisso, e seu depoimento valerá como simples informação.

B) As partes e testemunhas serão inquiridas pelo juiz, podendo ser reinquiridas, por seu intermédio, a requerimento das partes, seus representantes ou advogados.

C) Em sede de razões finais, antes da sentença, diante de peculiaridades da causa relacionadas à impossibilidade ou à excessiva dificuldade de cumprir o encargo probatório ou à maior facilidade de obtenção da prova do fato contrário, a parte poderá requerer ao juízo a redistribuição do ônus da prova de modo diverso ao que foi realizado. Caso deferido, o magistrado deverá dar à parte a oportunidade de se desincumbir do ônus que lhe foi atribuído com redesignação de nova audiência.

D) O depoimento das partes e testemunhas que não souberem falar a língua nacional será feito por meio de intérprete nomeado pelo juiz. As despesas decorrentes desses depoimentos correrão por conta da parte sucumbente, salvo se beneficiária de justiça gratuita.

E) Se a testemunha for funcionário civil ou militar e tiver de depor em hora de serviço, será requisitada ao chefe da repartição para comparecer à audiência marcada.

02.(IBFC – 2022 – Prefeitura de Dourados MS – Procurador Municipal) Relativamente às provas no Processo do Trabalho, assinale a alternativa incorreta.

A) Será produzida prova pericial em duas hipóteses: quando a lei exigir; e quando a prova do fato exigir o conhecimento especializado de determinado profissional, acima do conhecimento comum. Nestes casos, caberá ao juiz determinar um prazo, indicar o objeto da perícia e nomear um perito devidamente inscrito no órgão da classe competente

B) A aplicação da prova testemunhal no processo do trabalho é mais ampla que nos demais processos. Não se proíbe, por exemplo, a prova exclusivamente testemunhal nas ações que tenham como objeto contrato com valor superior a dez vezes o salário mínimo, tampouco perde o valor a prova testemunhal de apenas uma testemunha

C) Algumas alegações exigem a apresentação de prova documental. São elas: a) O pagamento de salários; b) O pedido de demissão ou termo de quitação das verbas rescisórias de empregados com mais de um ano de serviço; c) O controle de horário de trabalho nas empresas com mais de 10 (dez) funcionários; d) O exercício de atividade externa incompatível com a fixação do horário de trabalho

D) Permite-se ao juiz realizar inspeção em pessoa, coisa ou local, de ofício ou a requerimento das partes, a fim de esclarecer sobre determinado fato pertinente à sua decisão, sendo vedado às partes participar da inspeção

» GABARITO

01. C

02. D

12 RAZÕES FINAIS, SENTENÇA E COISA JULGADA

12.1. RAZÕES FINAIS

Dispõe o art. 850 da CLT que, "terminada a instrução, poderão as partes aduzir razões finais, em prazo não excedente de 10 minutos para cada uma. Em seguida, o juiz ou presidente renovará a proposta de conciliação, e não se realizando esta, será proferida a decisão."

Em que pese o art. 850 da CLT falar em razões finais em 10 minutos, isto é, de forma oral, a prática processual trabalhista as razões finais são remissivas ou por memoriais. Porém, nada impede que uma das partes exerça o direito de apresentar razões finais orais no prazo legal.

As razões finais por escrito (memoriais) é uma faculdade do juiz, o qual poderá aplicar o § 2º do art. 364 do CPC:

> Art. 364. Finda a instrução, o juiz dará a palavra ao advogado do autor e do réu, bem como ao membro do Ministério Público, se for o caso de sua intervenção, sucessivamente, pelo prazo de 20 (vinte) minutos para cada um, prorrogável por 10 (dez) minutos, a critério do juiz.
>
> § 2º Quando a causa apresentar questões complexas de fato ou de direito, o debate oral poderá ser substituído por razões finais escritas, que serão apresentadas pelo autor e pelo réu, bem como pelo Ministério Público, se for o caso de sua intervenção, em prazos sucessivos de 15 (quinze) dias, assegurada vista dos autos.

Cabe ressaltar que a parte não é obrigada a apresentar razões finais (ou alegações finais). Porém, é um momento muito importante para apontar nulidade encontrada no processo ou no decorrer da instrução processual, com base no art. 795 da CLT, o qual aduz que, "As nulidades não serão declaradas senão mediante provocação das partes, as quais deverão argui-las à primeira vez em que tiverem de falar em audiência ou nos autos."

12.2. **SENTENÇA**

A CLT aduz que a sentença será proferida depois de rejeitada pelas partes a proposta de conciliação, ou seja, após a instrução processual (art. 831). Na prática, os juízes não sentenciam em audiência, mas em gabinete após a apresentação das razões finais por escrito, caso seja esse o procedimento adotado pelo julgador.

Na sentença deverá constar o nome das partes, o resumo do pedido e da defesa, a apreciação das provas, os fundamentos da decisão e a respectiva conclusão. Sendo procedente, a decisão deverá determinar o prazo e as condições para o seu cumprimento. Ao final, a sentença deverá indicar as custas e quem deve pagá-las, no caso é sempre a parte vencida. (art. 832, §§ 1º e 2º, da CLT).

12.2.1. **CONCEITO**

O CPC define a sentença como o "pronunciamento por meio do qual o juiz põe fim à fase cognitiva do procedimento comum, bem como extingue a execução." (art. 203, § 1º).

A sentença será proferida com fundamento nos artigos 485 e 487 do CPC:

> Art. 485. O juiz não resolverá o mérito quando:
> I - indeferir a petição inicial;
> II - o processo ficar parado durante mais de 1 (um) ano por negligência das partes;
> III - por não promover os atos e as diligências que lhe incumbir, o autor abandonar a causa por mais de 30 (trinta) dias;
> IV - verificar a ausência de pressupostos de constituição e de desenvolvimento válido e regular do processo;
> V - reconhecer a existência de perempção, de litispendência ou de coisa julgada;
> VI - verificar ausência de legitimidade ou de interesse processual;
> VII - acolher a alegação de existência de convenção de arbitragem ou quando o juízo arbitral reconhecer sua competência;
> VIII - homologar a desistência da ação;
> IX - em caso de morte da parte, a ação for considerada intransmissível por disposição legal; e
> X - nos demais casos prescritos neste Código.
> Art. 487. Haverá resolução de mérito quando o juiz:
> I - acolher ou rejeitar o pedido formulado na ação ou na reconvenção;
> II - decidir, de ofício ou a requerimento, sobre a ocorrência de decadência ou prescrição;
> III - homologar:

a) o reconhecimento da procedência do pedido formulado na ação ou na reconvenção;

b) a transação;

c) a renúncia à pretensão formulada na ação ou na reconvenção.

Parágrafo único. Ressalvada a hipótese do § 1º do art. 332, a prescrição e a decadência não serão reconhecidas sem que antes seja dada às partes oportunidade de manifestar-se.

Os casos previstos no art. 485 do CPC, são situações em que o juiz resolve a relação jurídica processual, sem adentrar no mérito, são as chamadas sentenças terminativas do feito.

Já os casos previstos no art. 487 do CPC, são aquelas circunstâncias em que haverá o pronunciamento judicial definitivo, são as chamadas sentenças definitivas.

Assim, a sentença é o ato judicial que analisa e gera um pronunciamento acerca da relação processual (terminativa) e material (definitiva)

12.2.2. SENTENÇA DECLARATÓRIA

Sentença declaratória ou meramente declaratória é a decisão que judicial apenas declara a existência ou inexistência de uma relação jurídica.

Por ter um conteúdo declaratório, pode-se dizer que toda sentença condenatória ou constitutiva também é declaratória, visto que em toda sentença o juiz irá declarar ou não o direito para deferir ou indeferir o pedido.

Assim, sentença declaratória positiva é aquela que defere o pedido formulado. Ao passo que a sentença declaratório negativa é aquela que nega o pedido.

Exemplo clássico de sentença declaratória no processo do trabalho é o pedido de reconhecimento de vínculo de emprego. Esse pedido, geralmente, sempre vem acompanhado de outros pedidos condenatórios de verbas trabalhistas derivadas da relação de emprego.

E por fim, é importante dizer que os efeitos da sentença declaratória é *ex tunc*, isto é, retroage ao momento inicial da relação jurídica declarada judicialmente.

12.2.3. SENTENÇA CONSTITUTIVA

É aquela sentença que pode criar, modificar ou extinguir uma relação jurídica.

Uma ação trabalhista com pedido de rescisão indireta é um exemplo de decisão constitutiva, pois irá extinguir uma relação jurídica trabalhista por algum ato ilegal praticado pelo empregador.

Outro exemplo está no pedido de resolução do contrato de trabalho de empregado com estabilidade provisória no emprego. Ambos estão previstos nos artigos 483 e 494 da CLT:

> Art. 483 - O empregado poderá considerar rescindido o contrato e pleitear a devida indenização quando:
> a) forem exigidos serviços superiores às suas forças, defesos por lei, contrários aos bons costumes, ou alheios ao contrato;
> b) for tratado pelo empregador ou por seus superiores hierárquicos com rigor excessivo;
> c) correr perigo manifesto de mal considerável;
> d) não cumprir o empregador as obrigações do contrato;
> e) praticar o empregador ou seus prepostos, contra ele ou pessoas de sua família, ato lesivo da honra e boa fama;
> f) o empregador ou seus prepostos ofenderem-no fisicamente, salvo em caso de legítima defesa, própria ou de outrem;
> g) o empregador reduzir o seu trabalho, sendo este por peça ou tarefa, de forma a afetar sensivelmente a importância dos salários.
> Art. 494 - O empregado acusado de falta grave poderá ser suspenso de suas funções, mas a sua despedida só se tornará efetiva após o inquérito e que se verifique a procedência da acusação.

12.2.4. SENTENÇA CONDENATÓRIA

Sentença condenatória é aquela que julga procedente o pedido feito por uma das partes em face da parte contrária.

Exemplos típicos é a condenação do réu ao pagamento de horas extras, intervalos intrajornada, depósitos do FGTS, diferenças de verbas rescisórias, férias, multa por atraso no pagamento das verbas rescisórias etc.

A condenação usualmente ocorre nas ações trabalhistas promovidas pelos empregados, mas também podem ocorrer nas reconvenções propostas pelo réu no momento da defesa, o qual traz algum pedido de condenação do autor.

12.2.5. ELEMENTOS FUNDAMENTAIS DA SENTENÇA

Informa o art. 832 da CLT os elementos fundamentais da sentença, são eles:

× Nome das partes;
× Resumo do pedido e da defesa;

- × Apreciação das provas;
- × Fundamentos da decisão; e
- × Respectiva conclusão.

Por sua vez, o art. 489 do CPC traz os elementos essenciais da sentença da seguinte maneira:

> Art. 489. São elementos essenciais da sentença:
> I - o relatório, que conterá os nomes das partes, a identificação do caso, com a suma do pedido e da contestação, e o registro das principais ocorrências havidas no andamento do processo;
> II - os fundamentos, em que o juiz analisará as questões de fato e de direito;
> III - o dispositivo, em que o juiz resolverá as questões principais que as partes lhe submeterem.

Pela leitura dos dois dispositivos acima, temos que essencialmente esses são os elementos fundamentais da sentença:

12.2.5.1. RELATÓRIO

No procedimento ordinário a sentença deve contar com o relatório. Já no procedimento sumaríssimo não há necessidade por expressa liberação legal (art. 852-I da CLT).

No relatório deve constar o nome das partes, o resumo dos pedidos e a teses apresentadas em contestação e um breve relato dos atos praticados no processo.

Portanto, considerando que tanto o art. 832 da CLT quanto o art. 489 do CPC exigem o relatório na sentença, com exceção se for no procedimento sumaríssimo, tem-se que a falta do relatório é causa de nulidade da sentença.

12.2.5.2. FUNDAMENTAÇÃO

Fundamentar uma decisão é exigência expressa da Constituição Federal, em seu art. 93, IX:

> Art. 93. Lei complementar, de iniciativa do Supremo Tribunal Federal, disporá sobre o Estatuto da Magistratura, observados os seguintes princípios:
> [...]
> IX todos os julgamentos dos órgãos do Poder Judiciário serão públicos, e fundamentadas todas as decisões, sob pena de nulidade, podendo a lei limitar a presença, em determinados atos, às próprias partes e a seus advogados, ou somente a estes, em casos nos quais a preservação do direito à intimidade do interessado no sigilo não prejudique o interesse público à informação;

A fundamentação é a expressão jurídica, legal e constitucional do raciocínio do julgador na hora da sentença, com base nos fatos narrados, provados e atos praticados no curso da instrução processual.

Entretanto, o CPC trouxe novas exigências acerca da fundamentação, informando que não se considera fundamentada qualquer decisão judicial, seja ela interlocutória, sentença ou acórdão, que:

* Se limitar à indicação, à reprodução ou à paráfrase de ato normativo, sem explicar sua relação com a causa ou a questão decidida;
* Empregar conceitos jurídicos indeterminados, sem explicar o motivo concreto de sua incidência no caso;
* invocar motivos que se prestariam a justificar qualquer outra decisão;
* não enfrentar todos os argumentos deduzidos no processo capazes de, em tese, infirmar a conclusão adotada pelo julgador;
* se limitar a invocar precedente ou enunciado de súmula, sem identificar seus fundamentos determinantes nem demonstrar que o caso sob julgamento se ajusta àqueles fundamentos;
* deixar de seguir enunciado de súmula, jurisprudência ou precedente invocado pela parte, sem demonstrar a existência de distinção no caso em julgamento ou a superação do entendimento.

Tais exigências estão previstas no § 1º do art. 489 do CPC.

Ainda, no caso de colisão entre normas, o juiz deve justificar o objeto e os critérios gerais da ponderação efetuada, enunciando as razões que autorizam a interferência na norma afastada e as premissas fáticas que fundamentam a conclusão. (2º do art. 489 do CPC).

12.2.5.3. DISPOSITIVO

Também chamado de conclusão, o dispositivo é a parte final da sentença que consolida os comandos da decisão. Sentença sem dispositivo é sentença inexistente, pois é nessa parte que o julgador vai acolher ou rejeitar os pedidos e demais pleitos das partes, bem como declarar extinto o processo sem resolução de mérito nos casos de acatamento de alguma preliminar.

O dispositivo pode fazer menção aos pedidos formulados na inicial, dizendo "julgo procedente os pedidos e condeno o réu ao pagamento de horas extras, conforme pleiteado na petição inicial ou no item x da petição inicial.

Ou o dispositivo pode ser mais direto, "julgo procedente os pedidos e condeno o réu ao pagamento de horas extras do período tal a tal..."

12.3. JULGAMENTO CITRA, ULTRA E EXTRA PETITA

Além de observar uma série de exigências para ter validade, a sentença precisa estar em conformidade com aquilo que a demanda traz.

Por isso, o art. 492 do CPC fala que "é vedado ao juiz proferir decisão de natureza diversa da pedida, bem como condenar a parte em quantidade superior ou em objeto diverso do que lhe foi demandado."

Por sua vez, o art. 141 do CPC determina que "o juiz decidirá o mérito nos limites propostos pelas partes, sendo-lhe vedado conhecer de questões não suscitadas a cujo respeito a lei exige iniciativa da parte."

A sentença será considerada *citra petita* quando o juiz julgar parte do pedido, deixando de apreciar outra. Exemplo: O autor pediu danos morais e materiais e a sentença apreciou apenas o pedido de danos morais.

A sentença será *ultra petita* quando ocorrer excessos por parte do julgador. Exemplo: o empregado entra com ação pedindo pensão mensal até completar 60 anos de idade e o juiz defere o pedido ampliando-o para pensão vitalícia.

A sentença será *extra petita* quando o juiz se pronuncia sobre pedidos que não estão relacionados na inicial. Exemplo: o autor entra com ação trabalhista pedindo horas extras e reflexos. O Juiz analisa o caso, condena o réu ao pagamento das horas extras e ainda condena a horas extras pelo intervalo suprimido, sem que tivesse tal pedido na inicial.

12.4. COISA JULGADA

A coisa julgada é aquilo que torna a decisão judicial imutável e indiscutível, naquilo que ela se debruçou, analisou, apreciou e julgou.

Tem previsão expressa na Constituição Federal, no art. 5º, XXXVI, da CF/88: "a lei não prejudicará o direito adquirido, o ato jurídico perfeito e a coisa julgada."

O CPC também traz o instituto da coisa julgada, explicando no § 4º do art. 337 que "há coisa julgada quando se repete ação que já foi decidida por decisão transitada em julgado."

Assim, nenhum juiz poderá decidir novamente as questões já decididas, salvo se tratar de relação jurídica de trato continuado e no decorrer da relação sobreveio modificação no estado de fato ou de direito, caso em que a parte interessada poderá pedir a revisão do que foi estatuído na sentença (art. 505, I e II, do CPC). Exemplo disso são os casos de alimentos, onde o processo nunca transita em julgado, pois há a possibilidade de o alimentando entrar com revisional de alimentos.

88 PROCESSO DO TRABALHO

Fora isso, a sentença faz coisa julgada entre as partes envolvida na relação jurídica objeta da decisão judicial, não prejudicando terceiros, conforme ensina o art. 506 do CPC.

A coisa julgada produz efeitos do ponto de vista formal e material.

12.4.1. COISA JULGADA FORMAL

Coisa julgada formal tem relação direta com o processo em que a decisão transitada em julgado foi proferida, gerando estabilidade e segurança naquele processo em específico, do ponto de vista processual.

Quando se esgotam todas as possibilidades de recurso dentro de um processo, tem-se a denominada coisa julgada formal.

Dessa maneira, quando houver decisão de mérito e a extinção do processo com resolução de mérito e já não há mais possibilidade de rediscussão do tema pela via recursal, temos coisa julgado formal.

12.4.2. COISA JULGADA MATERIAL

A coisa julgada material tem previsão expressa no CPC, em seu art. 502: "Denomina-se coisa julgada material a autoridade que torna imutável e indiscutível a decisão de mérito não mais sujeita a recurso."

Em linhas gerais e objetivas, a coisa julgada material abarca a coisa julgada formal. Na formal, a segurança diz respeito ao processo em que a decisão foi proferida. Ao passo que a material tem efeitos externos, no sentido de impedir (segurança) com que novas demandar possam modificar aquilo já consagrado pelo mando da coisa julgada.

A coisa julgada material poderá ser impugnada pela via da ação rescisória, conforme hipóteses permitidas pelo art. 966 do CPC.

+ EXERCÍCIOS DE FIXAÇÃO

01. (FAU – 2017 – Câmara de Mato Rico PR – Advogado) No processo judicial trabalhista, a sentença será proferida pelo Juiz, caso as partes declarem que não possuem interesse na conciliação no final do processo. Sobre a decisão, assinale a alternativa CORRETA:

- A) A decisão do juiz tratará cada pedido do autor do processo, com base nas provas produzidas, fundamentando cada um deles, e o magistrada julgará os pedidos procedentes ou improcedentes.
- B) Quando a decisão concluir pela procedência do pedido, é facultativo ao juiz determinar o prazo e as condições para o seu cumprimento.
- C) As decisões cognitivas ou homologatórias deverão sempre indicar a natureza jurídica das parcelas constantes da condenação ou do acordo homologado, inclusive o limite de responsabilidade de cada parte pelo recolhimento da contribuição previdenciária, se for o caso.
- D) O cumprimento do acordo ou da decisão far-se-á no prazo e condições em que as partes entenderem devidos.
- E) Existindo na decisão evidentes erros ou enganos de escrita, de datilografia ou de cálculo, não poderão os mesmos, antes da execução, ser corrigidos, ex officio, ou a requerimento dos interessados ou da Procuradoria da Justiça do Trabalho.

02. (VUNESP – 2018 – UNICAMP - Procurador de Universidade Assistente) Nos termos da Consolidação das Leis do Trabalho, as razões finais

- A) podem ser aduzidas no prazo de dez minutos após o encerramento da instrução processual.
- B) devem ser aduzidas no prazo de dez minutos após a renovação da proposta de conciliação.
- C) devem ser aduzidas no prazo mínimo de cinco dias após a renovação da proposta conciliatória.
- D) podem ser aduzidas no prazo de dez dias após frustrada a última proposta conciliatória.
- E) serão remissivas ao alegado e provado pelas partes, sempre que a reclamação for no rito ordinário.

» GABARITO

01. C
02. A

13 TEORIA GERAL DO RECURSOS

13.1. PRINCÍPIOS

A Constituição Federal assegura que "ninguém será privada de seus bens sem o devido processo legal" e garante "aos litigantes, em processo judicial ou administrativo, e aos acusados em geral são assegurados o contraditório e ampla defesa, com os meios e recursos a ela inerentes." (art. 5º, LIV e LV, da CF).

A legislação infraconstitucional prevê as possibilidade e requisitos acerca do direito de recorrer. Porém, existem diferentes princípios a serem observados nos variados ramos processuais. E no ramo processual trabalhista temos os princípios a seguir, os quais são destacados usualmente pela doutrina:

13.1.1. IRRECORRIBILIDADE IMEDIATA DAS DECISÕES INTERLOCUTÓRIAS

Princípio bem peculiar do processo do trabalho, pois em outros ramos processuais, como no processo civil, as decisões interlocutórias são passíveis de recurso (agravo de instrumento), nos termos do art. 1.015 do CPC, o qual traz exemplo do que seriam decisões interlocutórias:

> Art. 1.015. Cabe agravo de instrumento contra as decisões interlocutórias que versarem sobre:
> I - tutelas provisórias;
> II - mérito do processo;
> III - rejeição da alegação de convenção de arbitragem;
> IV - incidente de desconsideração da personalidade jurídica;
> V - rejeição do pedido de gratuidade da justiça ou acolhimento do pedido de sua revogação;
> VI - exibição ou posse de documento ou coisa;
> VII - exclusão de litisconsorte;
> VIII - rejeição do pedido de limitação do litisconsórcio;
> IX - admissão ou inadmissão de intervenção de terceiros;

X - concessão, modificação ou revogação do efeito suspensivo aos embargos à execução;

XI - redistribuição do ônus da prova nos termos do art. 373, § 1º;

XII - (VETADO);

XIII - outros casos expressamente referidos em lei.

Parágrafo único. Também caberá agravo de instrumento contra decisões interlocutórias proferidas na fase de liquidação de sentença ou de cumprimento de sentença, no processo de execução e no processo de inventário.

Já no processo do trabalho não é assim que funciona, pois as decisões interlocutórias não são recorríveis de imediato, nos termos do § 1º do art. 893 da CLT: "Os incidentes do processo são resolvidos pelo próprio Juízo ou Tribunal, admitindo-se a apreciação do merecimento das decisões interlocutórias somente em recursos da decisão definitiva."

A intenção é valorizar a celeridade processual, salvo algumas exceções criadas pela jurisprudência trabalhista, como se percebe na súmula 214 do TST:

Na Justiça do Trabalho, nos termos do art. 893, § 1º, da CLT, as decisões interlocutórias não ensejam recurso imediato, salvo nas hipóteses de decisão: a) de Tribunal Regional do Trabalho contrária à Súmula ou Orientação Jurisprudencial do Tribunal Superior do Trabalho; b) suscetível de impugnação mediante recurso para o mesmo Tribunal; c) que acolhe exceção de incompetência territorial, com a remessa dos autos para Tribunal Regional distinto daquele a que se vincula o juízo excepcionado, consoante o disposto no art. 799, § 2º, da CLT.

13.1.2. TAXATIVIDADE

O princípio da taxatividade significa dizer que somente serão admitidos os recursos que tenham previsão legal.

No art. 893 da CLT, temos os seguintes possíveis recursos:

a) Embargos;
b) Recurso ordinário;
c) Recurso de revista;
d) Agravo.

Quando o art. 893 fala em embargos, está fazendo referente aos embargos de declaração e embargos ao TST. Quando fala em agravo, está mencionando o agravo de instrumento (para destrancar recurso), o agravo de petição e o agravo previsto nos regimentos dos tribunais regionais e do TST.

Ainda, no § 2º do art. 893 da CLT, tem a previsão de recurso ao Supremo Tribunal Federal, desde que respeite os requisitos de tal medida extraordinária.

92 PROCESSO DO TRABALHO

Cabe mencionar também que é aplicável ao processo do trabalho a figura do recurso adesivo, conforme prevê a súmula 283 do TST:

> RECURSO ADESIVO. PERTINÊNCIA NO PROCESSO DO TRABALHO. CORRELAÇÃO DE MATÉRIAS. O recurso adesivo é compatível com o processo do trabalho e cabe, no prazo de 8 (oito) dias, nas hipóteses de interposição de recurso ordinário, de agravo de petição, de revista e de embargos, sendo desnecessário que a matéria nele veiculada esteja relacionada com a do recurso interposto pela parte contrária.

E por fim, a lei 5.584/70 traz o chamado pedido de revisão.

13.1.3. UNIRRECORRIBILIDADE OU SINGULARIDADE

Também conhecido como princípio da unicidade recursal, significa que cabe apenas um recurso contra uma decisão, seja ela sentença ou acórdão. Ou seja, este princípio não permite a interposição de mais de um recurso contra a mesma decisão.

O que pode acontecer é o seguinte: de uma decisão de uma das turmas do TST a parte interessada interpõe recurso extraordinário, pois o ponto envolve questão constitucional, e embargos ao TST, por se tratar também de divergência com outra turma do TST.

Outro exemplo: o réu apresenta recurso ordinário antes do autor opor embargos declaratórios. Ao ser proferida acórdão dos embargos declaratórios, o réu se surpreende com uma modificação no julgado que o prejudica. Nesse caso, o réu poderá apresentar novo recurso em relação àquele ponto modificado.

Tais situações não ferem o princípio da unirrecorribilidade.

13.1.4. DUPLO GRAU DE JURISDIÇÃO

Quando a decisão judicial é desfavorável, a parte vencida tem o direito de recorrer dos pontos vencidos.

O seu recurso será encaminhado para o tribunal regional do trabalho – TRT, caso seja um recurso contra uma sentença. O TRT é formado por juízes de carreira, membros do Ministério Público e da advocacia.

Esse direito está implícito nos incisos LIV e LV do art. 5º da CF.

13.1.5. FUNGIBILIDADE

Ser fungível é ser substituível por outro. Ou seja, salvo nos casos de má-fé ou erro grosseiros, a fungibilidade permite com que o juiz receba um recurso como se fosse outro. É o que acontece nos casos previstos na súmula 421, II, do TST:

EMBARGOS DE DECLARAÇÃO. CABIMENTO. DECISÃO MONOCRÁTICA DO RELATOR CALCADA NO ART. 932 DO CPC DE 2015. ART. 557 DO CPC DE 1973.

I Cabem embargos de declaração da decisão monocrática do relator prevista no art. 932 do CPC de 2015 (art. 557 do CPC de 1973), se a parte pretende tão somente juízo integrativo retificador da decisão e, não, modificação do julgado.

II Se a parte postular a revisão no mérito da decisão monocrática, cumpre ao relator converter os embargos de declaração em agravo, em face dos princípios da fungibilidade e celeridade processual, submetendo-o ao pronunciamento do Colegiado, após a intimação do recorrente para, no prazo de 5 (cinco) dias, complementar as razões recursais, de modo a ajustá-las às exigências do art. 1.021, § 1º, do CPC de 2015.

Todavia, nos casos de erros grosseiros, como quando a parte interpõe agravo interno ou regimental contra acórdão, o princípio da fungibilidade não será aplicado, como exemplifica a OJ 412 da SDI-I do TST:

AGRAVO INTERNO OU AGRAVO REGIMENTAL. INTERPOSIÇÃO EM FACE DE DECISÃO COLEGIADA. NÃO CABIMENTO. **ERRO GROSSEIRO.** INAPLICABILIDADE DO PRINCÍPIO DA FUNGIBILIDADE RECURSAL. É incabível agravo interno (art. 1.021 do CPC de 2015, art. 557, §1º, do CPC de 1973) ou agravo regimental (art. 235 do RITST) contra decisão proferida por Órgão colegiado. Tais recursos destinam-se, exclusivamente, a impugnar decisão monocrática nas hipóteses previstas. Inaplicável, no caso, o princípio da fungibilidade ante a configuração de **erro grosseiro.**

O mesmo acontece quando a parte interpõe recurso de revista contra decisão do TRT em ação rescisória, fazendo remissão expressa ao art. 896 da CLT, sob o argumento de violação legal e divergência jurisprudencial, quando o correto seria recurso ordinário. Nesse caso, não se aplica o princípio da fungibilidade por erro grosseiro.

Assim, aplica-se o princípio da fungibilidade quando o recurso apresentado, embora tendo o nome errado, não foge da qualidade e gênero do recurso correto.

13.1.6. PRINCÍPIO DA DIALETICIDADE

O princípio da dialeticidade exige que a parte recorrente informe, de forma clara e objetiva, os tópicos da decisão que pretende reformar. Significa dizer que o recorrente tem o dever de apresentar o seu inconformismo de maneira explícita, acompanhado da respectiva fundamentação.

Recurso que não cumpre tais requisitos, é recurso genérico, o qual não será conhecido por vício formal.

94 PROCESSO DO TRABALHO

Em que pese o art. 899 da CLT falar que os recursos serão interpostos por simples petição, isto por si só não afasta a obrigação de observar a dialeticidade recursal, conforme compreende ampla jurisprudência trabalhista.

13.1.7. PROIBIÇÃO DA REFORMATIO IN PEJUS

A decisão do órgão julgador do recurso não pode piorar a situação do recorrente, salvo se houver recurso nesse sentido interposto pela parte contrária.

A exceção está, por exemplo, na declaração de ofício da prescrição bienal pelo tribunal. Nesse caso, tendo em vista se trata de uma matéria de ordem pública, o tribunal poderá se manifestar sem ser provocado, ao examinar com profundidade o processo.

Outro exemplo que não se aplica o princípio da proibição da reformatio in pejus é a declaração de ofício da coisa julgada pelo tribunal.

13.2. PRESSUPOSTOS RECURSAIS

Os pressupostos recursais no processo do trabalho podem ser classificados em subjetivos (ou intrínsecos) ou objetivos (extrínsecos).

13.2.1. SUBJETIVOS OU INTRÍNSECOS

Os pressupostos subjetivos (ou intrínsecos) se referem à capacidade, legitimidade e interesse da parte.

a. Capacidade

A parte deve estar plenamente capaz civilmente no momento da interposição do recurso, ter capacidade processual e postulatória.

b. Legitimidade

Legítimo para recorrer é aquele que, total ou parcial, foi vencido no processo. Isto é, a parte recorrente deve demonstrar onde foi prejudicada pela decisão recorrida.

Tem legitimidade para recorrer aquele que foi prejudicado no processo, mesmo na qualidade de terceiros, como nos casos dos substitutos processuais, herdeiros, sócios de fato que não estavam formalmente constituídos como sócios no contrato social da empresa etc.

O Ministério Público do Trabalho também possui legitimidade para recorrer, nos processos em que é parte ou naqueles que apenas atua como fiscal da lei.

c. Interesse

O recurso precisa ser útil e necessário, ou seja, a parte precisa ter sido vencida naquilo que está recorrente, caso contrário o recurso se mostra inútil, pois não há a demonstração de prejuízo.

A simples busca por uma decisão judicial mais favorável já é demonstração de interesse recursal.

Assim, a utilidade está ligada a condição de parte vencida, total ou parcialmente. Já a necessidade tem relação com o meio que a parte tem para buscar uma decisão mais vantajosa, no caso a medida recursal.

Além da condição de parte vencida, a qual está ligada às partes do processo, o interesse recursal também se mostra presente nos casos de terceiros prejudicados, os quais poderão recorrer das decisões que os prejudiquem.

13.2.2. OBJETIVOS OU EXTRÍNSECOS

Os pressupostos objetivos (extrínsecos) estão ligados a questões de previsão legal do recurso, cabimento do recurso, tempestividade, preparo e regularidade de apresentação.

a. Previsão legal

Os recursos interpostos precisam ter previsão legal, conforme já explanado quando tratado do princípio da taxatividade.

No processo do trabalho temos os seguintes recursos:

a) embargos de declaração (art. 897-A da CLT);
b) recurso ordinário (art. 895 da CLT);
c) recurso de revista (art. 896 da CLT);
d) agravo de instrumento (art. 897, b, da CLT);
e) agravo de petição (art. 897, *a*, da CLT);
f) embargos à execução (art. 884 da CLT);
g) agravo interno ou regimental (art. 894, § 4º, da CLT);
h) embargos no TST (art. 894 da CLT);
i) recurso extraordinário (art. 1.029 do CPC, com base no art. 102, III, da CF e arts. 893, § 2º, e 899, § 1º, da CLT);
j) recurso de revisão (art. 2º, § 1º, da Lei n. 5.584/70).

b. Cabimento

Aqui se verifica se a decisão recorrida é atacável pelo recurso interposto. Isso porque, no processo do trabalho as decisões interlocutórias são irrecorríveis de imediato, devendo a parte interessada recorrer do tema no momento processual correto do recurso de mérito.

Portanto, se analisará se o recurso interposto tem previsão legal e se cabe para a situação e se está no momento processual correto.

c. Tempestividade

O prazo correto deve ser respeitado para que o recurso seja conhecido. Por isso os prazos recursais são considerados peremptórios. Desse modo, as partes não podem convencionar um prazo, seja para reduzir ou aumentar.

Os prazos dos recursos trabalhistas são de 8 dias, com o mesmo prazo para contrarrazões. Porém, no caso dos embargos declaratórios o prazo é de 5 dias e o prazo para recurso extraordinário é de 15 dias.

Importante destacar que a administração pública direta (União, Estados, Distrito Federal e Municípios), autarquias e fundações públicas possuem prazo em dobro para recorrer ou se manifestar nos autos.

No processo do trabalho litisconsortes com procuradores diferentes **não** possuem prazo em dobro previsto no art. 229 do CPC, conforme preceitua a OJ 310 da SDI-1 do TST:

> LITISCONSORTES. PROCURADORES DISTINTOS. PRAZO EM DOBRO. ART. 229, CAPUT E §§ 1º E 2º, DO CPC DE 2015. ART. 191 DO CPC DE 1973. INAPLICÁVEL AO PROCESSO DO TRABALHO.
> Inaplicável ao processo do trabalho a norma contida no art. 229, caput e §§ 1º e 2º, do CPC de 2015 (art. 191 do CPC de 1973), em razão de incompatibilidade com a celeridade que lhe é inerente.

Após a reforma trabalhista, os prazos passaram a ser contados apenas em dias úteis, mudança inspirada no art. 219 do CPC: "Na contagem de prazo em dias, estabelecido por lei ou pelo juiz, computar-se-ão somente os dias úteis."

Estava mais do que na hora de aplicar essa regra ao processo do trabalho. A Justiça do Trabalho resistia em considerar os prazos apenas nos dias úteis em virtude do art. 775 expressamente constar que os prazos "são contínuos". Dessa forma, uma vez que não havia omissão na regra processual trabalhista, não poderia o juiz aplicar subsidiariamente o art. 219 do CPC.

Agora conta-se apenas os dias úteis no processo do trabalho, mantendo a regra da exclusão do dia do começo e inclusão do dia do vencimento.

Além disso, permanece a regra de que os prazos começam a contar a partir da data em que for feita pessoalmente, da notificação, da data da publicação no edital, no jornal oficial ou no que publicar o expediente da Justiça do Trabalho, ou, ainda, daquela em que for afixado o edital na Vara ou Tribunal, respeitando a regra de iniciar apenas no primeiro dia útil subsequente.

Chama-se a atenção para o prazo previsto no art. 841 da CLT, o qual trata da data da primeira audiência, a qual será a primeira desimpedida em 5 dias. Ou seja, da notificação inicial do réu, a primeira audiência somente poderá ocorrer após 5 dias, esse é o tempo mínimo que a lei estabelece para dar tempo do reclamado se programar, apresentar defesa e preparar documentos. A nosso ver, esse prazo também deverá ser considerado em dias úteis, pois trata-se de prazo em dias e está inserido no Título X.

Sobre o prazo do réu para defesa e comparecimento em audiência, sempre bom ressaltar o teor da súmula 16 do TST: "Presume-se recebida a notificação 48 (quarenta e oito) horas depois de sua postagem. O seu não-recebimento ou a entrega após o decurso desse prazo constitui ônus de prova do destinatário."

O prazo de 30 dias para instauração de inquérito para apuração de falta grave contra empregado garantido com estabilidade, apresentado pelo empregador, nos termos do art. 853 da CLT, também deve ser apresentado em dias úteis.

Na hipótese de a sentença ser prolatada em audiência, o prazo começa a fluir na data da sua leitura, desde que as partes estejam presentes. A ata contendo o teor da sentença deverá ser juntada ao processo em até 48 horas. Quando não juntada a ata ao processo em 48 horas, contadas da audiência de julgamento (art. 851, § 2°, da CLT), o prazo para recurso será contado da data em que a parte receber a intimação da sentença (súmula 30 do TST).

O prazo para recurso da parte que, intimada, não comparecer à audiência em prosseguimento para a prolação da sentença, o prazo começa a contar no dia seguinte (desde que dia útil) da prolação da sentença em audiência. É o que determina a súmula 197 do TST.

Quando a intimação tiver lugar na sexta-feira, ou a publicação com efeito de intimação for feita nesse dia, o prazo judicial será contado da segunda-feira imediata, inclusive, salvo se não houver expediente, caso em que fluirá no dia útil que se seguir (súmula 1 do TST).

Incumbe à parte o ônus de provar, quando da interposição do recurso, a existência de feriado local que autorize a prorrogação do prazo recursal (art. 1.003, § 6°, do CPC de 2015). No caso de o recorrente alegar a existência de feriado local e não o comprovar no momento da interposição do recurso, cumpre ao relator conceder o prazo de 5 (cinco) dias para que seja sanado o vício (art. 932, parágrafo único, do CPC de 2015), sob pena de não conhecimento se da comprovação depender a tempestividade recursal (súmula 385, item I).

Na hipótese de feriado forense, incumbirá à autoridade que proferir a decisão de admissibilidade certificar o expediente nos autos (súmula 385, item II).

Admite-se a reconsideração da análise da tempestividade do recurso, mediante prova documental superveniente, em agravo de instrumento, agravo interno, agravo regimental, ou embargos de declaração, desde que, em momento anterior, não tenha havido a concessão de prazo para a comprovação da ausência de expediente forense (súmula 385, item III).

d. Preparo

No processo do trabalho se exige o pagamento de **custas** e dependendo do caso **depósito recursal**.

Custas:

No tocante às custas, nos dissídios individuais e nos dissídios coletivos do trabalho, nas ações e procedimentos de competência da Justiça do Trabalho, bem como nas demandas propostas perante a Justiça Estadual, no exercício da jurisdição trabalhista, as custas relativas ao processo de conhecimento incidirão à base de 2% (dois por cento), observado o mínimo de R$ 10,64 (dez reais e sessenta e quatro centavos) e o máximo de quatro vezes o limite máximo dos benefícios do Regime Geral de Previdência Social (art. 789 da CLT).

As custas serão **calculadas** da seguinte maneira:

× Quando houver acordo ou condenação, sobre o respectivo valor;
× Quando houver extinção do processo, sem julgamento do mérito, ou julgado totalmente improcedente o pedido, sobre o valor da causa;
× No caso de procedência do pedido formulado em ação declaratória e em ação constitutiva, sobre o valor da causa;
× Quando o valor for indeterminado, sobre o que o juiz fixar.

As custas serão pagas pelo vencido, após o trânsito em julgado da decisão. No caso de recurso, as custas serão pagas e comprovado o recolhimento dentro do prazo recursal (§ 1º do art. 789 da CLT).

Nos casos de sentenças não líquidas, o juízo irá arbitrar o valor e fixará o montante das custas processuais.

A reforma trabalhista trouxe uma mudança que impactou no valor máximo a ser cobrado no processo trabalhista. O legislador da reforma acrescentou ao art. 789 um limite de custas no importe de quatro vezes o valor máximo dos benefícios do regime geral da Previdência Social.

Antes da mudança não havia limite para a fixação das custas. Uma sentença condenatória de 2 milhões de reais fixaria as custas processuais em 40 mil reais. Uma condenação de 4 milhões ensejaria o pagamento de 80 mil reais de custas, e assim por diante. Conforme o valor da condenação, teríamos um valor de custas, sem limites.

A lei traz casos de **isenção de custas**, como nas hipóteses apresentadas pelo art. 790-A da CLT: a União, os Estados, o Distrito Federal, os Municípios e respectivas autarquias e fundações públicas federais, estaduais ou municipais que não explorem atividade econômica e o Ministério Público do Trabalho.

A isenção prevista no 790-A da CLT não alcança as entidades fiscalizadoras do exercício profissional e às sociedades de economia mista (súmula 170 do TST).

A **massa falida** também é isenta do pagamento das custas, não ocorrendo deserção de recurso da massa falida por falta de pagamento de custas ou de depósito do valor da condenação. Esse privilégio, todavia, não se aplica à empresa em liquidação extrajudicial (súmula 86 do TST).

Os **beneficiários da justiça gratuita** também são isentos do recolhimento das custas. Caso a justiça gratuita seja deferida em sentença, a parte beneficiada poderá recorrer sem qualquer recolhimento. No caso de a parte não ter a justiça gratuita deferida em sentença, poderá recorrer sem recolher as custas, mas terá que renovar o pedido em recurso. Caso o relator indefira o pedido, intimará a parte recorrente para que efetue o recolhimento das custas no prazo fixado, conforme determina o art. 99, § 7º, do CPC e OJ 269 do TST.

Art. 99, § 7º, do CPC: "Requerida a concessão de gratuidade da justiça em recurso, o recorrente estará dispensado de comprovar o recolhimento do preparo, incumbindo ao relator, neste caso, apreciar o requerimento e, se indeferi-lo, fixar prazo para realização do recolhimento."

O benefício da justiça gratuita pode ser requerido em qualquer tempo ou grau de jurisdição, desde que, na fase recursal, seja o requerimento formulado no prazo alusivo ao recurso (OJ 269, item I, do TST)

Indeferido o requerimento de justiça gratuita formulado na fase recursal, cumpre ao relator fixar prazo para que o recorrente efetue o preparo (OJ 269, item II, do TST).

Caso o pagamento das custas seja **insuficiente**, ou seja, se a parte recorrente efetuar o recolhimento em valor menor, cabe ao relator intimar o recorrente para que complemente o valor no prazo de 5 dias, nos termos do § 2º do art. 1.007 do CPC e da OJ 140 da SDI-1 do TST.

Assim, somente haverá deserção do recurso por recolhimento insuficiente das custas processuais ou do depósito recursal, se, concedido o prazo de 5 (cinco) dias previsto no § 2º do art. 1.007 do CPC de 2015, o recorrente não complementar e comprovar o valor devido (OJ 140 da SDI-1 do TST).

Depósito recursal:

Sobre o tema depósito recursal, a lei 13.467/2017 trouxe algumas mudanças: a) depósito feito em conta judicial, deixando de ser depositado na conta vinculada do FGTS do empregado, transformando-se em depósito judicial; b) redução do valor do depósito pela metade para entidades sem fins lucrativos; c) isenção de depósito recursal para entidades filantrópicas; d) substituição do depósito recursal.

× **Depósito feito em conta judicial e não mais na conta vinculada do FGTS do empregado:**

O depósito recursal é pressuposto de admissibilidade dos seguintes recursos trabalhistas: recurso ordinário, recurso de revista, agravo de instrumento, embargos ao TST, recurso extraordinário e recurso em ação rescisória.

Os valores do depósito recursal são estabelecidos pelo TST, sendo atualizado anualmente.

O intuito motivador da existência do depósito recursal é para garantir futura execução, bem como inibir recursos meramente protelatórios, o que não se confunde com custas processuais, pois essas servem para cobrir despesas com o processo que não tem relação com o crédito do empregado.

Antes da reforma o depósito recursal era realizado na conta vinculada do empregado, mediante emissão de Guia de Recolhimento do FGTS e Informações à Previdência Social – GFIP. Em virtude da lei 13.467/2017, que alterou o art. 899 da CLT, a partir de 11 de novembro de 2017 o depósito recursal passou a ser realizado mediante Guia de Depósito Judicial.

O primeiro impacto na prática é a atualização do valor depositado, o qual passa a ser atualizado pelos índices da poupança, e não mais pela mesma correção do FGTS.

Com essa nova sistemática, abre-se caminho para retornar à discussão sobre a possibilidade de o empregado efetuar depósito recursal, quando for condenado a pagar alguma quantia ao empregador, tendo em vista que o recolhimento se dará, a partir de 11 de novembro de 2017, por simples depósito judicial.

× **Redução do depósito recursal:**

Com advento da reforma trabalhista, entidades sem fins lucrativos, empregadores domésticos, microempreendedores individuais – MEI, microempresas e empresas de pequeno porte, pagarão metade do valor correspondente ao depósito recursal. Isso está previsto no § 9º do art. 899 da CLT.

Nesses casos, não importa a condição econômico-financeira do empregador, pois a benesse está vinculada à condição de entidade sem fins lucrativos, empregador doméstico, microempreendedor individual, microempresa ou empresa de pequeno porte. Quem se enquadrar em algum desses, poderá se utilizar do direito.

× **Isenção do depósito recursal:**

A isenção do depósito recursal já era reconhecida para as massas falidas, por força da súmula 86 do TST: *"Não ocorre deserção de recurso da massa falida por falta de pagamento de custas ou de depósito do valor da condenação. Esse privilégio, todavia, não se aplica à empresa em liquidação extrajudicial."*

Agora, com a reforma trabalhista essa isenção abarca também qualquer empresa que tenha a **gratuidade da justiça** deferida ou seja entidade filantrópica.

A partir da entrada em vigor da nova lei, com base no § 10 do art. 899 da CLT, o empregador beneficiário da justiça gratuita, além de não pagar as custas processuais, é isento do depósito recursal, sem exceção.

Quanto às **entidades filantrópicas** a que se refere o § 10 do art. 899 da CLT, essas devem comprovar tal qualidade, nos termos da lei 12.101/2009.

Por fim, as empresas em **recuperação judicial** também não arcarão com o depósito recursal.

Isso está previsto no § 10 do art. 899 da CLT.

× **Substituição do depósito recursal:**

Tanto para garantir a execução como para cumprir com a obrigatoriedade de efetuar o depósito recursal, o empregador poderá se valer de fiança bancária ou seguro garantia, por força do § 11 do art. 899 da CLT.

Essa regra já estava prevista no art. 835, § 2º, do CPC, aplicado subsidiariamente ao processo do trabalho: *"Para fins de substituição da penhora, equiparam-se a dinheiro a fiança bancária e o seguro garantia judicial, desde que em valor não inferior ao do débito constante da inicial, acrescido de trinta por cento."*

Assim, da mesma forma da garantia da execução, o recorrente deverá apresentar a fiança bancária ou o seguro garantia com um acréscimo de 30% sobre o valor total do respectivo depósito.

× **Valores dos depósitos:**

Os valores dos depósitos são estabelecidos anualmente pelo TST. Portanto, existe um teto de depósito recursal. Logo, se numa sentença o juiz arbitrou provisoriamente o valor de R$ 50,000,00, a parte recorrente não precisa depositar o valor total, mas apenas o limite estabelecido pelo TST para o respectivo recurso.

Exemplo: sentença com condenação provisoriamente arbitrada em R$ 50,000,00. Vamos imaginar hipoteticamente que o limite estabelecido pelo TST esteja no dia da interposição do recurso ordinário no valor de R$ 12.000,00. A parte recorrente efetuará apenas o depósito recursal de R$ 12.000,00, pois é o teto.

Agora, outro exemplo, imaginemos que a sentença arbitrou provisoriamente o valor da condenação em R$ 8.000,00, a parte recorrente terá que depositar R$ 8.000,00, pois esse é o limite da condenação.

Outro exemplo: sentença com valor de condenação provisoriamente arbitrada em R$ 15,000,00. A parte recorrente efetuará apenas o depósito recursal de R$ 12.000,00, pois é o teto do depósito recursal.

Lembrando o depósito recursal só é exigido nos casos de condenação em pecúnia, conforme informar a súmula 161 do TST: "Se não há condenação a pagamento em pecúnia, descabe o depósito de que tratam os §§ 1º e 2º do art. 899 da CLT."

× **Depósito integral:**

É ônus da parte recorrente efetuar o depósito legal, integralmente, em relação a cada novo recurso interposto, sob pena de deserção. Atingido o valor da condenação, nenhum depósito mais é exigido para qualquer recurso (súmula 128, I, do TST).

Havendo condenação solidária de duas ou mais empresas, o depósito recursal efetuado por uma delas aproveita as demais, quando a empresa que efetuou o depósito não pleiteia sua exclusão da lide (súmula 128, II, do TST).

× **Prazo para realização do depósito recursal:**

O depósito recursal deverá ser realizado no prazo alusivo ao recurso, nos termos da súmula 245 do TST.

× **Depósito recursal em agravo de instrumento:**

No ato de interposição do agravo de instrumento, o recorrente deverá comprovar o depósito recursal corresponderá a 50% do valor do depósito do recurso ao qual se pretende destrancar. Isso está previsto no § 7º do art. 899 da CLT.

Lembrando que, se os depósitos realizados anteriores nos recursos interpostos já alcançarem o valor da condenação, nenhum outro valor será devido a título de depósito recursal em agravo de instrumento.

Importante destacar que, excepcionalmente, caso o recurso de revista trancado seja em face de decisão do TRT que esteja divergente exclusivamente sobre súmula ou orientação jurisprudencial do TST, nenhum valor de depósito recursal no agravo de instrumento será cobrado. É o que está previsto no § 8º do art. 899 da CLT:

> § 8º Quando o agravo de instrumento tem a finalidade de destrancar recurso de revista que se insurge contra decisão que contraria a jurisprudência uniforme do Tribunal Superior do Trabalho, consubstanciada nas suas súmulas ou em orientação jurisprudencial, não haverá obrigatoriedade de se efetuar o depósito referido no § 7º deste artigo.

Porém, só se aplica o § 8º do art. 899 da CLT nos casos de decisão do TRT que seja contrária a súmula ou orientação jurisprudencial do TST, não se aplicando nos casos de decisão do regional que destoa de precedentes ou acórdãos isolados do TST.

e. **Regularidade de representação**

Regularidade de representação é quando a parte é representada por advogado e este está devidamente habilitado nos autos por meio de instrumento de procuração.

13.3. JUÍZO DE ADMISSIBILIDADE

Juízo de admissibilidade é a verificação de todos os pressupostos recursais, a fim de identificar se o recurso está apto a seguir em frente, ser analisado e julgado.

O primeiro juízo de admissibilidade é realizado pelo juiz que proferiu a decisão a qual a parte está recorrendo. O segundo é feito pelo órgão que irá julgar o recurso.

13.4. EFEITOS DO RECURSO

Conforme dispõe o art. 899 da CLT, os recursos no processo do trabalho terão efeito meramente devolutivo, sendo permitida a execução provisória até a penhora.

Assim, mesmo com recurso pendente de julgamento, a parte credora poderá iniciar a execução provisória dos seus créditos, podendo penhorar bens do executado e manter sua indisponibilidade até que o processo se encerre.

O efeito devolutivo dos recursos pode se dar por extensão ou em profundidade.

Efeito **devolutivo por extensão** é quando a parte leva ao tribunal matéria de fato que não foi levada ao juízo de origem, desde que prove que não fez por motivos de força maior. Isso está previsto no art. 1.014 do CPC: "As questões de fato não propostas no juízo inferior poderão ser suscitadas na apelação, se a parte provar que deixou de fazê-lo por motivo de força maior."

Já o efeito **devolutivo em profundidade** significa devolver ao tribunal toda a matéria impugnada, onde o tribunal irá apreciar e julgar todas as questões suscitadas e discutidas no processo, ainda que não tenham sido solucionadas, desde que relativas ao capítulo impugnado (§ 1º do art. 1.013 do CPC).

O efeito devolutivo em profundidade do recurso ordinário, que se extrai do § 1º do art. 1.013 do CPC de 2015 (art. 515, §1º, do CPC de 1973), transfere ao Tribunal a apreciação dos fundamentos da inicial ou da defesa, não examinados pela sentença, ainda que não renovados em contrarrazões, desde que relativos ao capítulo impugnado (súmula 393, item I, do TST).

Caso a parte recorrente queira que seu recurso tenha efeito suspensivo, deverá dirigir ao tribunal um pedido nesse sentido. O relator, ao receber o pedido, decidirá sobre o pedido.

+ EXERCÍCIOS DE FIXAÇÃO

01. (FUMARC – 2022 – TRT 3ª Região MG – Analista Judiciário – Área Judiciária) Sobre os depósitos recursais, é INCORRETO afirmar:

A) O depósito recursal poderá ser substituído por fiança bancária ou seguro garantia judicial.

B) O depósito recursal será feito em conta vinculada ao juízo.

C) O valor do depósito recursal será reduzido pela metade para entidades sem fins lucrativos, empregadores domésticos, microempreendedores individuais, entidades filantrópicas e as empresas em recuperação judicial.

D) Os beneficiários da justiça gratuita são isentos do depósito recursal.

E) Quando o agravo de instrumento tem a finalidade de destrancar recurso de revista que se insurge contra decisão que contraria a jurisprudência uniforme do Tribunal Superior do Trabalho, consubstanciada nas suas súmulas ou em orientação jurisprudencial, não haverá obrigatoriedade de se efetuar o depósito recursal.

02. (FCC – 2022 – TRT 22ª Região PI – Analista Judiciário – Oficial de Justiça Avaliador Federal) As empresas Simples Assim Contabilidade Ltda. e Vigilância Durma Bem Ltda. foram condenadas solidariamente na reclamação trabalhista movida por Expedito, vigia, empregado da 2ª reclamada e que prestou serviços terceirizados na 1ª reclamada. Na condenação, deverão as reclamadas pagar as verbas rescisórias e a multa de 40% sobre o FGTS. As rés recorreram, sendo que apenas a Simples Assim Contabilidade efetuou o depósito recursal, alegando em preliminar de suas razões de recurso sua ilegitimidade de parte, requerendo sua exclusão da lide. Nos termos da CLT e da jurisprudência sumulada do TST,

A) o juiz receberá e processará os dois recursos, remetendo-os ao Tribunal Regional do Trabalho, uma vez que, pela condenação solidária das empresas, somente o Desembargador Relator tem legitimidade para se pronunciar sobre essa matéria.

B) o recurso ordinário da Vigilância Durma Bem será considerado deserto, pois havendo condenação solidária das empresas, o depósito recursal aproveitaria a ambas, se a Simples Assim não estivesse requerendo sua exclusão da lide.

C) os recursos serão recebidos, não importando a matéria suscitada em sede recursal, uma vez que havendo condenação solidária entre duas ou mais empresas, o depósito recursal efetuado por uma delas aproveita as demais.

D) tendo em vista a condenação solidária das reclamadas, o juiz do trabalho determinará que Vigilância Durma Bem efetue o depósito recursal no prazo de cinco dias, sob pena de ser considerado deserto seu recurso.

E) ambos os recursos são considerados desertos, uma vez que pela condenação solidária, as duas reclamadas devem efetuar depósitos recursais, sendo que feito apenas um, acarreta a penalidade para ambas, tendo em vista o princípio da natureza alimentícia do crédito trabalhista.

» GABARITO

01. C
02. B

14 RECURSOS EM ESPÉCIE

14.1. EMBARGOS DE DECLARAÇÃO

Os embargos de declaração estão previstos no art. 897-A da CLT. É considerado pela CLT como um recurso, pois está no Capítulo VI do Título X.

É uma medida processual que não visa a modificação do julgado, mas apenas a sua correção, ajuste, afastar omissões, contradições ou obscuridades.

14.1.1. CABIMENTO

Nos termos do art. 897-A da CLT: "Caberão embargos de declaração da sentença ou acórdão, no prazo de cinco dias, devendo seu julgamento ocorrer na primeira audiência ou sessão subsequente a sua apresentação, registrado na certidão, admitido efeito modificativo da decisão nos casos de:

× Omissão e contradição no julgado;

× Manifesto equívoco no exame dos pressupostos extrínsecos do recurso."

Por sua vez, o art. 1.022 do CPC aduz que cabe embargos de declaração contra qualquer decisão judicial, a fim de:

× Esclarecer obscuridades ou eliminar contradições;

× Suprir omissão de ponto ou questão sobre o qual devia se pronunciar o juiz de ofício ou a requerimento.

× Corrigir erro material.

14.1.2. PRAZO

O **prazo** para oposição dos embargos de declaração é de 5 dias úteis, em **petição simples** e sem a necessidade de **preparo**.

Inclusive, os embargos de declaração interrompem o prazo para interposição de outros recursos, por qualquer das partes, salvo quando intempestivos, irregular a representação da parte ou ausente a sua assinatura (§ 3º do art. 897-A da CLT).

Ainda, caso os embargos declaratórios não forem acolhidos de forma indevida pelo juiz ou tribunal, contra a decisão caberá novo embargos declaratórios, desde que persista omissão, obscuridade ou contradição que torne possível a nova oposição dos declaratórios.

14.2. NECESSIDADE DE INTIMAÇÃO DA PARTE CONTRÁRIA

Preceitua o § 2º do art. 897-A da CLT que "eventual efeito modificativo dos embargos de declaração somente poderá ocorrer em virtude da correção de vício na decisão embargada e desde que ouvida a parte contrária, no prazo de 5 (cinco) dias."

Caso haja efeito modificativo no julgado sem que a parte contrária tenha sido ouvida, isto é, sem abertura de prazo para manifestação, tal decisão é passível de nulidade, nos termos da OJ 142 da SDI-I do TST:

"É passível de nulidade decisão que acolhe embargos de declaração com efeito modificativo sem que seja concedida oportunidade de manifestação prévia à parte contrária."

14.3. OMISSÃO

A decisão judicial é considerada omissa quando deixar de se manifestar sobre tese apresentada na petição inicial, contestação ou recursos em geral.

Ainda, será considerada omissa a decisão interlocutória, sentença ou acórdão que:

× Se limitar à indicação, à reprodução ou à paráfrase de ato normativo, sem explicar sua relação com a causa ou a questão decidida;

× Empregar conceitos jurídicos indeterminados, sem explicar o motivo concreto de sua incidência no caso;

× Invocar motivos que se prestariam a justificar qualquer outra decisão;

× Não enfrentar todos os argumentos deduzidos no processo capazes de, em tese, infirmar a conclusão adotada pelo julgador;

× Se limitar a invocar precedente ou enunciado de súmula, sem identificar seus fundamentos determinantes nem demonstrar que o caso sob julgamento se ajusta àqueles fundamentos;

× Deixar de seguir enunciado de súmula, jurisprudência ou precedente invocado pela parte, sem demonstrar a existência de distinção no caso em julgamento ou a superação do entendimento.

× Deixe de se manifestar sobre tese firmada em julgamento de casos repetitivos ou em incidente de assunção de competência aplicável ao caso sob julgamento.

Fonte: art. 489, § 1º e 1.022 do CPC.

14.4. OBSCURIDADE

Toda decisão judicial, seja ela interlocutória, sentença ou acórdão, deve ser clara, objetiva e inteligível. Caso contrário, estaremos diante de uma decisão obscura que deixa dúvidas acerca dos seus efeitos, alcance e até mesmo gera insegurança ao jurisdicionado.

Quando a decisão não permite uma interpretação clara, sem margens de dúvidas, ela se mostra uma decisão obscura, pois impede a correta compreensão do julgado.

14.5. CONTRADIÇÃO

A contradição ocorre entre o relatório e a fundamentação, ou entre esta e o dispositivo da sentença. Exemplo: na fundamentação o juiz indefere o pedido de horas extras, mas no dispositivo condena o réu a pagar a mesma verba.

A contradição poderá ocorrer em qualquer parte da decisão, seja uma sentença ou acórdão.

14.6. ERRO MATERIAL

O erro material tem previsão no § 1º do art. 897-A da CLT: "Os erros materiais poderão ser corrigidos de ofício ou a requerimento de qualquer das partes."

Desse modo, havendo situação de erro material na decisão, a parte poderá opor embargos declaratórios para sanar o vício, porém a medida não terá efeito modificativo, mas apenas servirá para corrigir a decisão.

14.6.1. EFEITOS INTERRUPTIVO

Os embargos de declaração interrompem o prazo para interposição do recurso. É o que dispõe o § 3º do art. 897-A da CLT: "Os embargos de declaração interrompem o prazo para interposição de outros recur-

110 PROCESSO DO TRABALHO

sos, por qualquer das partes, salvo quando intempestivos, irregular a representação da parte ou ausente a sua assinatura."

Assim, para que o prazo do recurso seja interrompido, os embargos de declaração precisam ser tempestivos, a representação deve estar regular e a peça deve estar assinada.

E por fim, cabe mencionar que "A interrupção do prazo recursal em razão da interposição de embargos de declaração pela parte adversa não acarreta qualquer prejuízo àquele que apresentou seu recurso tempestivamente" (súmula 434, II, do TST).

14.6.2. EMBARGOS PROTELATÓRIOS

Os embargos de declaração serão considerados protelatórios quando não estiverem fundamentados em algumas das hipóteses de omissão, obscuridade, contrariedade ou erro material e estiver nitidamente baseado no intuito de atrasar o processo.

Nessa situação, "quando manifestamente protelatórios os embargos de declaração, o juiz ou o tribunal, em decisão fundamentada, condenará o embargante a pagar ao embargado multa não excedente a dois por cento sobre o valor atualizado da causa." (§ 2º do art. 1.026 do CPC).

Na reiteração de embargos de declaração manifestamente protelatórios, a multa será elevada a até dez por cento sobre o valor atualizado da causa, e a interposição de qualquer recurso ficará condicionada ao depósito prévio do valor da multa, à exceção da Fazenda Pública e do beneficiário de gratuidade da justiça, que a recolherão ao final. (§ 3º do art. 1.026 do CPC).

Se após a oposição de dois embargos declaratórios considerados protelatórios, a parte opor o terceiro embargos, mesmo que fundamentado, este último não será admitido (4º do art. 1.026 do CPC).

14.7. RECURSO ORDINÁRIO

O recurso ordinário é a medida processual que combate a sentença. Está previsto no art. 895 da CLT.

14.7.1. CABIMENTO

Cabe recurso ordinário para instância superior em face das decisões definitivas ou terminativas proferidas das varas do trabalho, direcionando o recurso ao TRT, ou das decisões definitivas ou terminativas proferidas pelo TRT em processos da sua competência originária, direcionando o recurso ao TST.

O prazo para interposição é de 8 dias úteis.

14.7.2. PREPARO

Na interposição do recurso ordinário, a parte recorrente deverá comprovar a realização do depósito recursal e o pagamento das custas, no prazo alusivo ao recurso.

14.7.3. EFEITOS DO RECURSO ORDINÁRIO

O recurso ordinário **devolve** ao tribunal o conhecimento da matéria impugnada. Assim, todas as questões apreciadas no processo serão devolvidas para análise e julgamento pelo tribunal. É o chamado efeito devolutivo.

O efeito **translativo**, por sua vez, se aplica aquelas questões não invocadas pelas partes nos recursos. Porém, são matérias que devem ser conhecidas de ofício, ou seja, independentemente de provocação.

Exemplos de matérias que podem ser conhecidas de ofício:

×   Ausência de pressupostos de constituição e de desenvolvimento válido e regular do processo;

×   Existência de perempção, de litispendência ou de coisa julgada;

×   Ausência de legitimidade ou de interesse processual;

×   Incompetência absoluta;

×   Incorreção do valor da causa;

×   Incapacidade da parte, defeito de representação ou falta de autorização;

Assim, o tribunal poderá examinar de ofício matéria de ordem pública, com base no efeito translativo do recurso.

14.7.4. PRESSUPOSTOS DE ADMISSIBILIDADE

A parte recorrente precisa satisfazer alguns pressupostos recursais para então ter seu recurso apreciado e julgado.

O preparo, que consiste no pagamento das custas e do depósito recursal, é um deles. Dentro do prazo alusivo ao recurso, a parte recorrente deverá efetuar o pagamento das custas processuais e, havendo obrigação de pagar alguma quantia, o empregador deverá efetuar depósito recursal.

Demais particularidade sobre custas e depósito recursal importantes estão inseridas no capítulo sobre "Teoria Geral dos Recursos."

112   PROCESSO DO TRABALHO

14.7.5. JUS POSTULANDI

O jus postulandi das partes, estabelecido no art. 791 da CLT, limita-se às Varas do Trabalho e aos Tribunais Regionais do Trabalho, não alcançando a ação rescisória, a ação cautelar, o mandado de segurança e os recursos de competência do Tribunal Superior do Trabalho (súmula 425 do TST).

Significada dizer que a parte poderá atuar no processo sem advogado até o recurso ordinário, no TRT. Passando disso, somente se estiver representada por um profissional da advocacia.

14.8. RECURSO DE REVISTA

O recurso de revista é a medida recursal prevista no art. 896 da CLT. Assim, das decisões proferidas em grau de recurso ordinário, pelo TRT, cabe recurso de revista ao TST, no prazo de 8 dias úteis.

14.8.1. CABIMENTO

Cabe recurso de revista das decisões proferidas pelo TRT, quando:

× A decisão do TRT em recurso ordinário der ao mesmo dispositivo de **lei federal** interpretação diversa da que lhe houver dado outro TRT, no seu Pleno ou Turma, ou a Seção de Dissídios Individuais do TST, ou contrariarem súmula de jurisprudência uniforme do TST ou súmula vinculante do Supremo Tribunal Federal;

× A decisão do TRT em recurso ordinário der ao mesmo dispositivo de **lei estadual, Convenção Coletiva de Trabalho, Acordo Coletivo, sentença normativa ou regulamento empresarial** de observância obrigatória em área territorial que exceda a jurisdição do TRT prolator da decisão recorrida, interpretação divergente, na forma do item acima;

× A decisão do TRT em recurso ordinário violar literalmente dispositivo de **lei federal** ou afronta direta e literal à **Constituição Federal**.

A parte recorrente poderá interpor recurso de revista com base em uma, duas ou em todas as hipóteses destacadas acima, as quais estão previstas no art. 896, alíneas *a, b* e *c*.

Na fase de execução de sentença, o recurso de revista contra decisão proferida em agravo de petição somente é cabível nos casos de violação direta à Constituição Federal, nos termos da súmula 266 do TST.

14.8.2. EFEITOS DO RECURSO DE REVISTA

O recurso de revista possui efeito devolutivo e será interposto perante o presidente do Tribunal Regional do Trabalho, o qual deverá analisar o recurso e, por decisão fundamentada, receber ou negar seguimento ao recurso.

Assim, o efeito devolutivo previsto no § 1º do art. 896 da CLT não é amplo, qual ocorre no recurso ordinário.

De igual modo, no recurso de revista não há efeito translativo, ficando o TST restrito às matérias prequestionadas, nos termos da OJ 62 do TST: "É necessário o prequestionamento como pressuposto de admissibilidade em recurso de natureza extraordinária, ainda que se trate de incompetência absoluta."

14.8.3. PRESSUPOSTOS DE ADMISSIBILIDADE

A parte recorrente precisa satisfazer alguns pressupostos recursais para então ter seu recurso apreciado e julgado.

O preparo, que consiste no pagamento das custas e do depósito recursal, é um deles. Dentro do prazo alusivo ao recurso, a parte recorrente deverá efetuar o pagamento das custas processuais e, havendo obrigação de pagar alguma quantia, o empregador deverá efetuar depósito recursal.

Demais particularidade sobre custas e depósito recursal importantes estão inseridas no capítulo sobre "Teoria Geral dos Recursos."

14.8.4. PREQUESTIONAMENTO

O prequestionamento está expressamente previsto na CLT, no § 1º-A do art. 896: "indicar o trecho da decisão recorrida que consubstancia o prequestionamento da controvérsia objeto do recurso de revista."

O TST exige o prequestionamento da matéria objeto do recurso de revista. Ou seja, a tese apresentada no recurso de revista deve fazer parte da decisão recorrida, mesmo se tratando de violação à Constituição Federal, sob pena de preclusão.

A súmula 184 do TST aduz nesse sentido: "Ocorre preclusão se não forem opostos embargos declaratórios para suprir omissão apontada em recurso de revista ou de embargos."

A matéria se torna prequestionada quando na decisão impugnada haja sido adotada, explicitamente, tese a respeito. Cabe à parte recorrente, desde que a matéria haja sido invocada no recurso principal, opor embargos declaratórios objetivando o pronunciamento sobre o tema, sob pena de preclusão. (súmula 297, I e II do TST).

Porém, mesmo quando a parte recorrente opôs embargos declaratórios para suprir omissão do tribunal, e mesmo assim este ainda se omite, a matéria será considerada prequestionada. (súmula 297, III do TST).

Para fins do requisito do prequestionamento de que trata a Súmula nº 297, há necessidade de que haja, no acórdão, de maneira clara, elementos que levem à conclusão de que o Regional adotou uma tese contrária à lei ou à súmula. (OJ 256 da SDI-I do TST).

Ainda, é necessário o prequestionamento como pressuposto de admissibilidade em recurso de natureza extraordinária, ainda que se trate de incompetência absoluta. (OJ 62 da SDI-I do TST).

14.8.5. IMPUGNAÇÃO DE TODOS OS FUNDAMENTOS DO ACÓRDÃO

A parte recorrente deverá impugnar todos os fundamentos da decisão que deseja reforma, indicando cada dispositivo de lei, da Constituição Federal, de súmula ou orientação jurisprudencial que alegar ter sido contrariada, é o que diz o inciso III do § 1º-A do art. 896 da CLT.

Assim, se a parte corrente não impugnar todos os argumentos lançados pelo tribunal no acórdão recorrido, o seu recurso de revista não será conhecido.

14.8.6. FATOS E PROVAS

A parte recorrente não poderá levar ao TST análise de matérias de fatos e provas, pois este se limita a apreciação das matérias de direito. É o que aduz a súmula 126 do TST: "Incabível o recurso de revista ou de embargos para reexame de fatos e provas."

14.8.7. TRANSCRIÇÃO OBRIGATÓRIA DO TRECHO DA DECISÃO QUE NEGOU OS EMBARGOS DECLARATÓRIOS

A parte que pretende recorrer ao TST deverá observar, além dos demais requisitos de admissibilidade extrínsecos e intrínsecos do recurso de revista, a exigência do inciso IV do § 1º do art. 896 da CLT: transcrever fielmente o trecho dos embargos declaratórios em que foi pedido o pronunciamento do tribunal regional acerca da tese de nulidade do julgamento, em sede de recurso ordinário, por negativa de prestação jurisdicional, bem como o trecho da decisão do tribunal regional.

Portanto, são dois trechos:

a. Trecho dos embargos declaratórios (pedido de pronunciamento);
b. Trecho da decisão do tribunal regional.

Aqui o termo trecho significa transcrever todo o conteúdo da decisão correspondente ao assunto/tema em discussão. Apenas mencionar ou transcrever parte do tópico ou até mesmo apenas citar o dispositivo da decisão, não supre a exigência legal, podendo a parte correr o risco de ter seu recurso de revista inadmitido. Por essa razão que se sugere a transcrição integral da decisão relativa ao tema em apreço, como também recomenda-se destacar os trechos na peça recursal, recuando o parágrafo e fazendo destaques no texto.

Assim, se por alguma razão a parte entender que o tribunal regional não prestou corretamente a prestação jurisdicional, deixando de enfrentar determinada tese de direito abordada em recurso ordinário, a parte recorrente deverá, obrigatoriamente, opor embargos declaratórios reiterando o pedido de apreciação do pedido, como condição essencial para conhecimento do futuro recurso de revista, caso seja matéria de direito.

Antes da reforma essa prática era comum por força da jurisprudência do TST, a qual já exigia a transcrição do trecho da decisão regional que rejeitou os embargos declaratórios quanto ao pedido de nulidade de julgado por negativa de prestação jurisdicional, em âmbito de preliminar recursal.

Trata-se do conhecido fenômeno jurídico processual intitulado **prequestionamento** da matéria de direito a ser debatida na via extraordinária no TST. Nesse caso, o recurso de revista só será admitido se a matéria for debatida e expressamente enfrentada pelo TRT.

Esse entendimento já estava consubstanciado na súmula 184 do TST: "ocorre preclusão se não forem opostos embargos declaratórios para suprir omissão apontada em recurso de revista ou de embargos."

Desse modo, considera-se prequestionada a matéria de direito objeto do recurso de revista se a parte comprovar que houve expressa manifestação do TRT sobre o tema, ainda que por meio dos embargos declaratórios. A súmula 297 do TST vem nesse sentido:

I. Diz-se prequestionada a matéria ou questão quando na decisão impugnada haja sido adotada, explicitamente, tese a respeito.

II. Incumbe à parte interessada, desde que a matéria haja sido invocada no recurso principal, opor embargos declaratórios objetivando o pronunciamento sobre o tema, sob pena de preclusão.

III. Considera-se prequestionada a questão jurídica invocada no recurso principal sobre a qual se omite o Tribunal de pronunciar tese, não obstante opostos embargos de declaração.

Mesmo que o TRT continue se omitindo acerca da matéria de direito objeto do recurso de revista, deixando de se pronunciar, o recurso de revista deverá ser conhecido, desde que a parte oponha embargos declaratórios, visto que cumprido o requisito do prequestionamento exigido pelo IV do § 1º do art. 896 da CLT, súmula 184 e 297 do TST.

14.8.8. TRANSCENDÊNCIA

No tocante à transcendência do recurso de revista prevista no § 1º do art. 896-A da CLT, a lei 13.467/2017 introduziu significativos dispositivos, regulamentando de uma vez por todas a transcendência inserida pela MP 2.226/2001.

Com isso, os recursos ao Tribunal Superior do Trabalho serão mais difíceis de serem admitidos, diminuindo o número de recursos de que chegam à Corte Superior Trabalhista.

A transcendência se aplica apenas aos recursos de revista, não afetando os demais recursos no processo do trabalho. Por essa razão que a análise da transcendência é competência privativa do TST.

Antes de se aprofundar em cada inciso do § 1º, insta destacar que em seu texto nós temos a expressão "entre outros", o que nos leva a crer que o TST poderá considerar outros indicadores da transcendência que não estejam previstos no rol apresentado pelo § 1º do art. 896-A. Não se limitando à literalidade da lei, poderá o TST conduzir a análise do recurso de revista com ampla liberdade, ampliando as hipóteses previstas em lei, para fins de caracterização da transcendência do recurso de revista.

Em seu conceito, transcendência significa a demonstração, pelo recorrente, da relevância da matéria objeto do recurso, evidenciando que o resultado do processo transcenderá ao interesse individual e repercutirá em âmbito geral, por isso que a transcendência descrita no § 1º do art. 896-A em muito se assemelha à famosa repercussão geral do recurso extraordinário (§ 2º do art. 1.035 do CPC).[5]Portanto, a transcendência se tornou, obrigatoriamente, um pressuposto de admissibilidade do recurso de revista, devendo o recorrente demonstrar a existência de repercussão econômica, política, social e jurídica da matéria objeto do recurso.

---

5 Art. 1.035, § 2º do CPC: O recorrente deverá demonstrar a existência de repercussão geral para apreciação exclusiva pelo Supremo Tribunal Federal.

Na prática, o recorrente deverá elaborar uma preliminar em seu recurso contendo todos os pressupostos de admissibilidade recursal.

Vale lembrar que o exame da transcendência cabe apenas ao TST, devendo a presidência dos tribunais regionais do trabalho analisar somente pressupostos intrínsecos e extrínsecos do apelo, não abrangendo o critério da transcendência das questões nele veiculadas. (§ 6º do art. 896-A da CLT).

14.8.8.1. INDICADORES DE TRANSCENDÊNCIA

Quanto aos indicadores de transcendência, temos os seguintes indicadores:

× Econômica;
× Política;
× Social;
× Jurídica.

O indicador **econômico** se consubstancia no elevado valor da causa, respeitando esse elemento tanto para o lado do empregador quanto para o empregado. Nesse aspecto, a consideração que se deve fazer é o valor elevado para cada parte recorrente, visto que a causa poderá ser considerada elevada para os parâmetros do empregado, mas não para os da empresa, ou vice-versa.

Por essa razão que o "elevado valor da causa" não poderá ser critério objetivo, pois é relativo em relação a cada caso concreto.

A transcendência **política** está relacionada à desconformidade ou desrespeito do tribunal regional acerca da jurisprudência consolidada do TST ou STF. Sobre o tema, o art. 927 do CPC trata da observação necessária a ser feita pelos juízos e tribunais no momento da decisão, a fim de, por política judiciária, não ferir a jurisprudência consolidada do TST ou STF sobre a temática em apreço. Assim prevê o referido artigo:

> Art. 927. Os juízes e os tribunais observarão:
> I – as decisões do Supremo Tribunal Federal em controle concentrado de constitucionalidade;
> II – os enunciados de súmula vinculante;
> III – os acórdãos em incidente de assunção de competência ou de resolução de demandas repetitivas e em julgamento de recursos extraordinário e especial repetitivos;
> IV – os enunciados das súmulas do Supremo Tribunal Federal em matéria constitucional e do Superior Tribunal de Justiça em matéria infraconstitucional;

V – a orientação do plenário ou do órgão especial aos quais estiverem vinculados.

No tocante ao indicado **social**, temos o recurso interposto pelo reclamante cuja matéria esteja amparada/prevista na Constituição Federal, quando da sonegação de qualquer direito social garantido constitucionalmente.

Por outro lado, essa mesma regra não se aplica às alegações de violação ou contrariedade às leis que regulamentam os direitos garantidos constitucionalmente.

Por fim, a transcendência **jurídica** está ligada à interpretação da norma trabalhista, quando há divergência sobre a aplicação da matéria objeto do recurso de revista entre os tribunais trabalhistas. Nesse caso, evidencia-se a importância de levar a matéria de direito ao TST, a fim de uniformizar a jurisprudência. É por essa razão que a questão levantada no recurso de revista deverá ser nova, isto é, uma controvérsia ainda não enfrentada pelo TST ou que ainda não foi objeto de uniformização, não havendo, por exemplo, uma súmula da Corte sobre o tema.

Caso haja divergência sobre tema no próprio TST, ao nosso ver, a transcendência restará configurada, pois o Tribunal responsável pela uniformização geral das questões trabalhistas ainda demonstra controvérsia sobre o tema.

14.8.8.2. PASSO A PASSO NO EXAME DA TRANSCENDÊNCIA

A competência para apreciar o preenchimento ou não do pressuposto recursal da transcendência é do TST, pois o § 6º do art. 896-A não nos deixa dúvida sobre isso: *"O juízo de admissibilidade do recurso de revista exercido pela Presidência dos Tribunais Regionais do Trabalho limita-se à análise dos pressupostos intrínsecos e extrínsecos do apelo, **não abrangendo o critério da transcendência das questões nele veiculadas.**"*

Ou seja, resta evidente que o TRT apenas apreciará a transcendência do recurso de revista.

Ao chegar ao TST, o recurso de revista será apreciado pelo relator, após distribuição natural. Este, por sua vez, poderá monocraticamente, **denegar seguimento** ao recurso de revista que não demonstrar transcendência, cabendo agravo desta decisão para o colegiado (§ 2º).

O recorrente poderá, por força do § 2º do art. 896-A, **agravar** a decisão, porém, limitando suas razões à presença de todos os indicadores da transcendência em seu recurso de revista, podendo, inclusive, **sustentar oralmente** perante a Turma responsável, por cinco minutos (§ 3º).

Caso o voto do relator seja mantido pela Turma, essa decisão é irrecorrível no âmbito do TST, nada impedindo com que, caso haja matéria constitucional, o recorrente interponha recurso extraordinário ao STF.

Entretanto, no RE 598365, de Relatoria do Ministro Ayres Britto, o STF, por unanimidade, recusou o recurso extraordinário interposto contra acórdão proferido pelo TST, ante a ausência de repercussão geral da questão, por não se tratar de matéria constitucional, pois discutia-se pressupostos de admissibilidade recursal de outro tribunal:

> PRESSUPOSTOS DE ADMISSIBILIDADE DE RECURSOS DA COMPETÊNCIA DE OUTROS TRIBUNAIS. MATÉRIA INFRACONSTITUCIONAL. AUSÊNCIA DE REPERCUSSÃO GERAL. A questão alusiva ao cabimento de recursos da competência de outros Tribunais se restringe ao âmbito infraconstitucional. Precedentes. Não havendo, em rigor, questão constitucional a ser apreciada por esta nossa Corte, falta ao caso "elemento de configuração da própria repercussão geral", conforme salientou a ministra Ellen Gracie, no julgamento da Repercussão Geral no RE 584.608. (RE 598365 RG, Relator(a): Min. AYRES BRITTO, julgado em 14/08/2009, DJe-055 DIVULG 25-03-2010 PUBLIC 26-03-2010 EMENT VOL-02395-06 PP-01480 RDECTRAB v. 17, n. 195, 2010, p. 213-218)

Da mesma forma é irrecorrível a decisão monocrática do relator que, em agravo de instrumento em recurso de revista, negar seguimento ao recurso por ausência de transcendência da matéria. Repare que essa decisão é do relator no TST.

14.8.8.3. RECURSO DENEGADO PELO RELATOR

O relator poderá negar seguimento ao recurso de revista de forma monocrática, caso o recurso não demonstre transcendência. Nesse caso, caberá agravo contra esta decisão para o colegiado. (§ 2º do art. 896-A da CLT).

Em relação ao recurso que o relator considerou não ter transcendência, o recorrente poderá realizar sustentação oral sobre a questão da transcendência, durante cinco minutos em sessão. (§ 3º do art. 896-A da CLT).

Todavia, é irrecorrível a decisão monocrática do relator que, em agravo de instrumento em recurso de revista, considerar ausente a transcendência da matéria. (§ 5º do art. 896-A da CLT).

120 PROCESSO DO TRABALHO

14.8.9. RECURSO DE REVISTA NO RITO SUMARÍSSIMO

Nas causas sujeitas ao procedimento sumaríssimo, somente será admitido recurso de revista por contrariedade a **súmula** do Tribunal Superior do Trabalho ou a súmula vinculante do Supremo Tribunal Federal e por violação direta da **Constituição Federal**. (§ 9º do art. 896 da CLT).

No mesmo sentido é o entendimento da súmula 442 do TST: "Nas causas sujeitas ao procedimento sumaríssimo, a admissibilidade de recurso de revista está limitada à demonstração de violação direta a dispositivo da Constituição Federal ou contrariedade a Súmula do Tribunal Superior do Trabalho, não se admitindo o recurso por contrariedade a Orientação Jurisprudencial deste Tribunal, ante a ausência de previsão no art. 896, § 6º, da CLT."

14.8.10. RECURSO DE REVISTA NA EXECUÇÃO DE SENTENÇA

Cabe recurso de revista na execução apenas quando a decisão proferida ofender a constituição.

Isso está previsto no § 2º do art. 896 da CLT e na súmula 266 do TST.

Das decisões proferidas pelos Tribunais Regionais do Trabalho ou por suas Turmas, em execução de sentença, inclusive em processo incidente de embargos de terceiro, não caberá Recurso de Revista, salvo na hipótese de ofensa direta e literal de norma da Constituição Federal. (§ 2º do art. 896 da CLT).

A admissibilidade do recurso de revista interposto de acórdão proferido em agravo de petição, na liquidação de sentença ou em processo incidente na execução, inclusive os embargos de terceiro, depende de demonstração inequívoca de violência direta à Constituição Federal. (súmula 266 do TST).

Vale mencionar nesse item que cabe recurso de revista por violação a lei federal, por divergência jurisprudencial e por ofensa à Constituição Federal nas execuções fiscais e nas controvérsias da fase de execução que envolvam a Certidão Negativa de Débitos Trabalhistas (CNDT) (§ 10 do art. 896 da CLT).

14.8.11. RECURSOS REPETITIVOS

Aplica-se ao processo do trabalho as normas previstas no CPC relativas ao julgamento dos recursos extraordinários e especiais repetitivos. Isso está previsto no art. 896-B da CLT.

Assim, quando houver multiplicidade de recursos de revista fundados em idêntica questão de direito, a questão poderá ser afetada à Seção Especializada em Dissídios Individuais ou ao Tribunal Pleno do TST, por decisão da maioria simples de seus membros, mediante requerimento de um dos Ministros que compõem a Seção Especializada, considerando a relevância da matéria ou a existência de entendimentos divergentes entre os Ministros dessa Seção ou das Turmas do Tribunal. (art. 896-C da CLT).

O presidente da turma ou da seção especializada afetará os recursos representativos da controvérsia para ser julgado pela Seção Especializada em Dissídios Individuais ou pelo Tribunal Pleno. (§ 1º do art. 896-C da CLT).

Ao afetar um ou mais processos para julgamento sob o rito dos recursos repetitivos, o presidente da turma ou da seção especializada comunicará aos demais presidentes de turma ou seção especializada sobre a afetação, a fim de que estes também reúnam processos sobre a questão a ser julgada, de modo a julgar todos em conjunto e conferir ao órgão julgador visão global da questão. (§ 2º do art. 896-C da CLT).

Havendo um ou mais recursos afetados para julgamento pelo rito dos recursos repetitivos, o presidente do TST oficiará aos presidentes dos tribunais regionais do país para suspenderem os recursos interpostos que contenham o mesmo tema afetado com recurso repetitivo, até que o TST se pronuncie de forma definitiva sobre o assunto. (§ 3º do art. 896-C da CLT).

Porém, mesmo diante de um recurso de revista com tema afetado para julgamento pelo rito dos recursos repetitivos, o presidente do tribunal regional poderá, ao analisar o recurso de revista interposto, admitir um ou mais recursos contendo a mesma controvérsia e encaminhá-los ao TST, deixando suspensos os demais recursos de revista até o pronunciamento definitivo do TST. (§ 4º do art. 896-C da CLT).

Ainda, o relator no TST poderá suspender os recursos de revista ou de embargos que tenham como matéria de discussão a mesma controvérsia do recurso afetado como repetitivo. (§ 5º do art. 896-C da CLT).

Ao receber o recurso afetado como repetitivo, o relator no TST pode solicitar aos tribunais regionais do trabalho informações a respeito da controvérsia. (§ 7º do art. 896-C da CLT).

Poderá funcionar como assistente simples no julgamento do recurso afetado como repetitivo pessoa, órgão ou entidade com interesse na controvérsia, podendo se manifestarem no processo, desde que admitidos pelo relator. (§ 8º do art. 896-C da CLT).

Assim que o TST julgar a controvérsia, os recursos de revista sobrestados na origem terão seu seguimento denegado na hipótese de o acórdão recorrido coincidir com a orientação a respeito da matéria no Tribunal Superior do Trabalho ou serão novamente examinados pelo Tribunal de origem na hipótese de o acórdão recorrido divergir da orientação do Tribunal Superior do Trabalho a respeito da matéria. (§ 11, I e II, do art. 896-C da CLT).

Vale lembrar que caso a questão afetada e julgada sob o rito dos recursos repetitivos também contenha questão constitucional, a decisão proferida pelo Tribunal Pleno não obstará o conhecimento de eventuais recursos extraordinários sobre a questão constitucional. (§ 13 do art. 896-C da CLT).

Por fim, a decisão proferida em recurso repetitivo poderá ser revista quando se alterar a situação econômica, social ou jurídica, caso em que será respeitada a segurança jurídica das relações firmadas sob a égide da decisão anterior, podendo o Tribunal Superior do Trabalho modular os efeitos da decisão que a tenha alterado. (§ 17 do art. 896-C da CLT).

14.9. EMBARGOS NO TST

O recurso de embargos ao TST está previsto no art. 894 da CLT, e cabe no prazo de 8 dias nas seguintes hipóteses:

× Decisão não unânime de julgamento que conciliar, julgar ou homologar conciliação em dissídios coletivos que excedam a competência territorial dos Tribunais Regionais do Trabalho e estender ou rever as sentenças normativas do Tribunal Superior do Trabalho, nos casos previstos em lei; e

× Das decisões das Turmas que divergirem entre si ou das decisões proferidas pela Seção de Dissídios Individuais, ou contrárias a súmula ou orientação jurisprudencial do Tribunal Superior do Trabalho ou súmula vinculante do Supremo Tribunal Federal.

Assim, pode-se dizer que há dois embargos no TST: embargos **infringentes** e de **divergência**.

Há a necessidade de depósito recursal e pagamento de custas, se for o caso.

O Ministro Relator denegará seguimento aos embargos se a decisão recorrida estiver em consonância com súmula da jurisprudência do Tribunal Superior do Trabalho ou do Supremo Tribunal Federal, ou com iterativa, notória e atual jurisprudência do Tribunal Superior do Trabalho. (§ 3º, I, do art. 894 da CLT).

Da decisão denegatória dos embargos caberá agravo, no prazo de 8 dias. (§ 4º do art. 894 da CLT).

14.9.1. EMBARGOS INFRINGENTES

Os embargos infringentes são opostos em face de decisão não unânime de julgamento que conciliar, julgar ou homologar conciliação em dissídios coletivos que excedam a competência territorial dos Tribunais Regionais do Trabalho e estender ou rever as sentenças normativas do Tribunal Superior do Trabalho, nos casos previstos em lei, conforme prevê o art. 894, I, *a*, da CLT.

A competência para processar e julgar os embargos infringentes é da Seção Especializada em Dissídios Coletivos.

14.9.2. EMBARGOS DE DIVERGÊNCIA

Os embargos de divergência são destinados a atacar decisões das Turmas que divergirem entre si ou das decisões proferidas pela Seção de Dissídios Individuais, ou contrárias a súmula ou orientação jurisprudencial do Tribunal Superior do Trabalho ou súmula vinculante do Supremo Tribunal Federal, conforme prevê o art. 894, II, da CLT.

Os embargos de divergência também são chamados de embargos à SDI-I do TST e possuem a finalidade de uniformizar a jurisprudência do TST acerca da interpretação de lei federal e da Constituição Federal no próprio Tribunal.

A competência para processar e julgar os embargos de divergência é da Seção Especializada em Dissídios Individuais.

A divergência apta a ensejar os embargos deve ser atual, não se considerando tal a ultrapassada por súmula do Tribunal Superior do Trabalho ou do Supremo Tribunal Federal, ou superada por iterativa e notória jurisprudência do Tribunal Superior do Trabalho. (§ 2º do art. 894 da CLT).

14.10. AGRAVO

No processo do trabalho podemos destacar três tipos de agravos: agravo de petição, de instrumento e regimental.

14.10.1. AGRAVO DE PETIÇÃO

O agravo de petição está previsto no art. 897, *a,* da CLT:

Art. 897 - Cabe agravo, no prazo de 8 (oito) dias:

a. de **petição**, das decisões do Juiz ou Presidente, nas execuções;
b. de instrumento, dos despachos que denegarem a interposição de recursos.

Agravo de petição só será recebido quando o agravante delimitar, justificadamente, as matérias e os valores impugnados, permitida a execução imediata da parte remanescente até o final. (§ 1º do art. 897 da CLT.

A importância de o recorrente delimitar as matérias e os valores impugnados é justamente para permitir com que o credor/exequente inicie a execução dos valores que não estão sendo discutidos no recurso, ou seja, do valor incontroverso.

Sobre o tema, a súmula 416 do TST aduz que "Devendo o agravo de petição delimitar justificadamente a matéria e os valores objeto de discordância, não fere direito líquido e certo o prosseguimento da execução quanto aos tópicos e valores não especificados no agravo."

O agravo de petição possui apenas efeito devolutivo, pois o credor poderá executar imediatamente após o valor incontroverso.

Não há depósito recursal, pois o juízo já estará garantido em decorrência dos embargos à execução que antecede o agravo de petição.

14.10.2. AGRAVO DE INSTRUMENTO

O agravo de instrumento está previsto no art. 897, *a*, da CLT: "cabe agravo de instrumento, no prazo de 8 dias, dos despachos que denegarem a interposição de recursos."

Então, contra decisão que denegar seguimento a recurso ordinário, de revista, extraordinário, adesivo e agravo de petição, caberá agravo de instrumento.

No tocante aos embargos no TST, da decisão que denega seu seguimento não cabe agravo de instrumento, visto que contra tal decisão cabe agravo interno previsto no regimento interno do TST.

Interposto o agravo de instrumento, ele será remetido ao TRT caso o agravo de instrumento seja em face de decisão que denega seguimento a recurso ordinário ou agravo de petição, ou ao TST, caso o agravo de instrumento ataque despacho do presidente do TRT que denegou seguimento ao recurso de revista.

Já nos casos de despacho que denega seguimento a recurso extraordinário, o agravo de instrumento será direcionado ao STF.

Após o recebimento, o agravo de instrumento será analisado e julgado pelas câmaras ou turmas dos respectivos tribunais de destino.

O agravo de instrumento também exige depósito recursal, correspondente a 50% do valor do depósito do recurso que se pretende destrancar, nos termos do art. 897, § 7°, da CLT.

Porém, quando o agravo de instrumento tem a finalidade de destrancar recurso de revista que se insurge contra decisão que contraria a jurisprudência uniforme do Tribunal Superior do Trabalho, consubstanciada nas suas súmulas ou em orientação jurisprudencial, não haverá obrigatoriedade de se efetuar o depósito recursal (§ 8° do art. 899 da CLT).

Quanto a formação do instrumento (translado de peças), com o advento do Processo Judicial Eletrônico – PJe não há mais a necessidade, pois o juízo que receberá o agravo de instrumento tem acesso a todas as peças e documentos do processo eletrônico. É exatamente o que diz a Resolução 136/2014 do CSJT, em seu art. 34:

> Quando o agravo de instrumento tem a finalidade de destrancar recurso de revista que se insurge contra decisão que contraria a jurisprudência uniforme do Tribunal Superior do Trabalho, consubstanciada nas suas súmulas ou em orientação jurisprudencial, não haverá obrigatoriedade de se efetuar o depósito.

14.10.3. AGRAVO REGIMENTAL OU AGRAVO INTERNO

O agravo regimental também é conhecido como agravo interno, e está previsto no art. 894, § 4°, da CLT: "Da decisão denegatória dos embargos caberá agravo, no prazo de 8 (oito) dias." E no e 896 § 12 da CLT: "Da decisão denegatória (do recurso de revista) caberá agravo, no prazo de 8 (oito) dias."

O agravo regimental ou agravo interno tem o objetivo de atacar decisões monocráticas proferidas pelos relatores nos tribunais.

A parte recorrente deverá dirigir o recurso ao relator, o qual levará a matéria ao órgão colegiado, de acordo com a previsão específica no regimento interno de cada tribunal.

Importante dizer que se aplica ao processo do trabalho ao art. 932 do CPC, conforme nos diz a súmula 435 do TST.

Assim, de todas as hipóteses previstas nos incisos e alíneas do art. 932 do CPC, caberá agravo, de acordo com o disposto na súmula 421, II, do TST: "Se a parte postular a revisão no mérito da decisão monocrática, cumpre ao relator converter os embargos de declaração **em agravo**, em face dos princípios da fungibilidade e celeridade processual, submetendo-o ao pronunciamento do Colegiado, após a intimação do recorrente para, no prazo de 5 (cinco) dias, complementar as razões recursais, de modo a ajustá-las às exigências do art. 1.021, § 1º, do CPC."

O relator poderá exercer juízo de retratação, mas não havendo, levará o processo ao colegiado para julgamento.

Lembrando que o recorrente deverá, na petição de agravo interno, impugnar especificadamente os fundamentos da decisão agravada. (§ 1º do art. 1.021 do CPC).

Quando o agravo interno for declarado manifestamente inadmissível ou improcedente em votação unânime, o órgão colegiado, em decisão fundamentada, condenará o agravante a pagar ao agravado multa fixada entre um e cinco por cento do valor atualizado da causa. (§ 4º do art. 1.021 do CPC).

Caso a parte recorrente queira recorrer da decisão proferida em âmbito de agravo, deverá previamente efetuar o pagamento da multa acima citada, sendo esta uma condição de admissibilidade do recurso. Isso está previsto no § 5º do art. 1.021 do CPC.

14.11. **RECURSO ADESIVO**

Medida recursal não prevista na CLT, sendo extraído do CPC para o processo do trabalho, conforme dispõe a súmula 283 do TST:

"O recurso adesivo é compatível com o processo do trabalho e cabe, no prazo de 8 dias, nas hipóteses de interposição de recurso ordinário, de agravo de petição, de revista e de embargos, sendo desnecessário que a matéria nele veiculada esteja relacionada com a do recurso interposto pela parte contrária."

Sendo vencidos autor e réu, ao recurso interposto por qualquer deles poderá aderir o outro. (§ 1º do art. 997 do CPC).

O recurso adesivo não tem autonomia recursal, pois está vinculado ao principal, nos termos do § 2º do art. 997 do CPC: "O recurso adesivo fica subordinado ao recurso independente, sendo-lhe aplicáveis as mesmas regras deste quanto aos requisitos de admissibilidade e julgamento no tribunal, salvo disposição legal diversa, observado, ainda, o seguinte:

I - Será dirigido ao órgão perante o qual o recurso independente fora interposto, no prazo de que a parte dispõe para responder;
II - Será admissível na apelação, no recurso extraordinário e no recurso especial;
III - Não será conhecido, se houver desistência do recurso principal ou se for ele considerado inadmissível.

O recurso adesivo exige o preenchimento dos pressupostos normais de admissibilidade: legitimidade, interesse, capacidade, preparo (custas e depósito recursal), tempestividade, regularidade de representação, bem como os pressupostos específicos de ter sucumbência recíproca e existência do recurso principal.

O recurso adesivo cabe nas hipóteses de interposição de recurso ordinário, de agravo de petição, de revista e de embargos (súmula 283 do TST).

14.12. **RECURSO DE REVISÃO**

Apesar de na prática não ser muito usado, ou nada usado, o recurso de revisão está previsto no art. 2º, § 1º, da lei 5.584/70:

> Art. 2º Nos dissídios individuais, proposta a conciliação, e não havendo acordo, o Presidente da Junta (rectius, Vara do Trabalho), ou o Juiz, antes de passar à instrução da causa, fixar-lhe-á o valor para a determinação da alçada, se este for indeterminado no pedido.
>
> § 1º Em audiência, ao aduzir razões finais, poderá qualquer das partes impugnar o valor fixado e, se o Juiz o mantiver, pedir revisão da decisão, no prazo de 48 (quarenta e oito) horas, ao Presidente do Tribunal Regional.

14.13. **RECLAMAÇÃO CONSTITUCIONAL**

Do ato administrativo ou decisão judicial que contrariar a súmula aplicável ou que indevidamente a aplicar, caberá reclamação ao Supremo Tribunal Federal que, julgando-a procedente, anulará o ato administrativo ou cassará a decisão judicial reclamada, e determinará que outra seja proferida com ou sem a aplicação da súmula, conforme o caso. (§ 3º do art. 103-A da CF).

A reclamação constitucional é um remédio processual que tem caráter de denúncia daqueles atos ou decisões proferidas pelos tribunais ou juízes que ofendem as competências ou autoridade das decisões do STF.

+ EXERCÍCIOS DE FIXAÇÃO

01. (CETREDE – 2017 – Prefeitura de Aquiraz CE - Produrador) Sobre os recursos trabalhistas analise as afirmativas a seguir e marque (V) para as VERDADEI-RAS e (F) para as FALSAS.

( ) Cabe recurso ordinário para a instância superior, das decisões definitivas ou terminativas das Varas e Juízos, no prazo de 8 (oito) dias; e das decisões definitivas ou terminativas dos Tribunais Regionais, em processos de sua competência originária, no prazo de 8 (oito) dias, quer nos dissídios individuais, quer nos dissídios coletivos.

( ) Nas reclamações sujeitas ao procedimento sumaríssimo, o recurso ordinário, terá acórdão consistente unicamente na certidão de julgamento, com a indicação suficiente do processo e parte dispositiva, e das razões de decidir do voto prevalente. Se a sentença for confirmada pelos próprios fundamentos, a certidão de julgamento, registrando tal circunstância, servirá de acórdão.

( ) Cabe Recurso de Revista para Turma do Tribunal Superior do Trabalho das decisões proferidas em grau de recurso ordinário, em dissídio individual, pelos Tribunais Regionais do Trabalho, quando proferidas com violação literal de disposição de lei federal ou afronta direta e literal à Constituição Federal.

( ) Das decisões proferidas pelos Tribunais Regionais do Trabalho ou por suas Turmas, em execução de sentença, inclusive em processo incidente de embargos de terceiro, não caberá Recurso de Revista, salvo na hipótese de ofensa direta e literal de norma da Constituição Federal.

( ) Quando houver multiplicidade de recursos de revista fundados em idêntica questão de direito, a questão poderá ser afetada à Seção Especializada em Dissídios Individuais ou ao Tribunal Pleno, por decisão da maioria absoluta de seus membros, mediante requerimento de dois ministros que compõem a Seção Especializada, considerando a relevância da matéria ou a existência de entendimentos divergentes entre os ministros dessa Seção ou das Turmas do Tribunal. Marque a opção que apresenta a sequência CORRETA.

A) V – F – F – V – V.
B) V – V – V – V – F.
C) V – F – V – V – F.
D) V – V – V – V – V.
E) F – V – F – V – F.

02. (Instituto Access – 2022 – CELEPAR PR – Advogado Pleno) Em reclamação trabalhista ajuizada pelo rito sumaríssimo, por Gildo em face de Raio de Sol Ltda., foram julgados procedentes todos os pedidos, e, após o recurso ordinário interposto não lhe ser favorável, a empresa empregadora pretende interpor recurso de revista. Levando-se em consideração as normas constantes na CLT e o entendimento sumulado do TST para a interposição do recurso de revista, é correto afirmar que, nas causas sujeitas ao procedimento sumaríssimo,

A) somente será admitido recurso de revista por contrariedade a súmula de jurisprudência uniforme do Tribunal Superior do Trabalho, e súmulas e orientações jurisprudenciais, súmula vinculante do Supremo Tribunal Federal e por violação direta da Constituição Federal.

B) somente será admitido recurso de revista por contrariedade a súmula de jurisprudência uniforme do Tribunal Superior do Trabalho ou a súmula vinculante do Supremo Tribunal Federal e por violação direta da Constituição Federal, não sendo possível quando houver contrariedade a orientações jurisprudenciais do TST.

C) será admitido recurso de revista para reexame de fatos e provas, por contrariedade a súmula de jurisprudência uniforme do Tribunal Superior do Trabalho ou a súmula vinculante do Supremo Tribunal Federal e por violação direta da Constituição Federal.

D) somente será admitido recurso de revista por contrariedade a súmula de jurisprudência uniforme do Tribunal Superior do Trabalho ou a súmula vinculante do Supremo Tribunal Federal e por violação direta da Constituição Federal, cujo julgamento poderá ser de competência tanto do TRT quanto do TST.

E) somente será admitido recurso de revista por contrariedade a súmula de jurisprudência uniforme do Tribunal Superior do Trabalho ou a súmula vinculante do Supremo Tribunal Federal e por violação direta da Constituição Federal, tanto nos dissídios coletivos, quanto nos dissídios individuais.

» GABARITO

01. B
02. B

15 LIQUIDAÇÃO DE SENTENÇA

15.1. CONCEITO

É o momento processual no qual se descobre o valor da condenação e as obrigações decorrentes do título judicial.

Porém, no processo do trabalho a fase de liquidação de sentença não tem caráter de ação autônoma, pelo menos grande parte da doutrina assim não considerada.

Isso porque, o art. 879 da CLT fala que "Sendo ilíquida a sentença exequenda, ordenar-se-á, **previamente**, a sua liquidação, que poderá ser feita por cálculo, por arbitramento ou por artigos."

Percebe-se que o referido dispositivo utiliza do termo "previamente". Ou seja, no processo do trabalho, a liquidação de sentença é um procedimento simples e previamente executado antes do início da execução de sentença.

Assim, antes de iniciar de fato a execução de sentença, o juiz ordenará a apuração dos cálculos, isto é, mandará liquidar os valores devido.

Importante lembra que nessa fase de liquidação, "não se poderá modificar, ou inovar, a sentença liquidanda nem discutir matéria pertinente à causa principal." (§ 1º do art. 879 da CLT).

No mesmo cálculo prévio de liquidação deverá ser incluído os valores das contribuições previdenciárias devidas. (§ 2º do art. 879 da CLT).

15.2. ESPÉCIES DE LIQUIDAÇÃO DE SENTENÇA

Nos termos do art. 879 da CLT, "sendo ilíquida a sentença exequenda, ordenar-se-á, previamente, a sua liquidação, que poderá ser feita por **cálculo**, por **arbitramento** ou por **artigos**.

15.2.1. POR CÁLCULOS

Aduz o art. 879, § 1º-B, da CLT, que "as partes deverão ser previamente intimadas para a apresentação do cálculo de liquidação, inclusive da contribuição previdenciária incidente."

EDGAR HERZMANN **131**

É do empregador a responsabilidade pelo recolhimento das contribuições previdenciárias e fiscais, resultantes de crédito do empregado oriundo de condenação judicial. A culpa do empregador pelo inadimplemento das verbas remuneratórias, contudo, não exime a responsabilidade do empregado pelos pagamentos do imposto de renda devido e da contribuição previdenciária que recaia sobre sua quota-parte. (súmula 368, II, do TST).

Assim, quando a sentença condenar ao pagamento de quantia ilíquida, a liquidação ocorrerá a requerimento do credor ou do devedor, sendo que quando a apuração do valor depender apenas de cálculo aritmético, o credor poderá promover, desde logo, apresentar os cálculos. (art. 509 caput e § 2º do CPC).

15.2.2. POR ARBITRAMENTO

Quando for necessário realizar alguma avaliação técnica sobre bem ou serviço e até mesmo buscar algum índice econômico, o juiz poderá determinar a liquidação por arbitramento.

Assim, na liquidação por arbitramento, o juiz intimará as partes para a apresentação de pareceres ou documentos elucidativos, no prazo que fixar, e, caso não possa decidir de plano, nomeará perito, observando-se, no que couber, o procedimento da prova pericial. (art. 510 do CPC).

Isso acontecerá quando os simples cálculos aritméticos não sejam suficientes para se chegar na liquidação do comando judicial transitado em julgado.

15.2.3. ARTIGOS (OU PROCEDIMENTO COMUM)

O CPC utiliza a expressão liquidação pelo procedimento comum: "Quando a sentença condenar ao pagamento de quantia ilíquida, proceder-se-á à sua liquidação, a requerimento do credor ou do devedor: pelo procedimento comum, quando houver necessidade de alegar e provar fato novo."

Porém, "fato novo" não significa demonstrar um fato que não foi objeto do processo, mas significa provar o valor do *quantum* determinado na decisão judicial transitada em julgado. Até porque, na liquidação de sentença é proibido modificar ou inovar a decisão exequenda e muito menos rediscutir o mérito do processo.

Exemplo disso é quando o juiz condena ao pagamento da multa de 40% sobre os depósitos já realizados na conta do FGTS do empregado, mas não se sabe ao certo o valor que já foi depositado. Na fase de liquidação, deverá ter a prova desse fato (valores depositados pela empresa na conta do FGTS do empregado) para se apurar a multa deferida no comando judicial exequendo.

15.3. CORREÇÃO MONETÁRIA E JUROS DE MORA

Antes da reforma vivia-se uma celeuma, pois muitos magistrados aplicavam a taxa referencial (TR) e outros adotavam o entendimento do TST no sentido de aplicar o IPCA-E como fator de atualização monetária dos débitos.

Após a reforma, a CLT passou a prever expressamente que a atualização dos créditos trabalhistas deve se dar pela taxa referencial (TR), nos exatos termos do art. 39 da Lei. 8.177/1991.

O TST já declarou a inconstitucionalidade da utilização da TR como índice de atualização dos créditos trabalhistas, na arguição de inconstitucionalidade nº 479-60.2011.5.04.0231, ao argumento de que a TR depreciava em muito os créditos do trabalhador, não correspondendo à inflação.

Por conta disso, o TST criou uma tabela única de atualização monetária aplicando o IPCA-E, a qual foi liminarmente suspensa pelo STF na Rcl 22.012.

Com a mudança na legislação trabalhista, passou-se a aplicar a TR e não mais o IPCA-E como índice de atualização dos créditos trabalhistas.

Ocorre que o STF declarou a inconstitucionalidade da aplicação da Taxa Referencial (TR) para a correção monetária de débitos trabalhistas e de depósitos recursais no âmbito da Justiça do Trabalho.

Assim, até que sobrevenha legislação que resolva a questão, deve ser aplicados o Índice Nacional de Preço ao Consumidor Amplo Especial (IPCA-E), na fase pré-judicial, e, a partir da citação, a taxa Selic, índices de correção monetária vigentes para as condenações cíveis em geral, com efeito vinculante.

Frisa-se que a Taxa Selic já contempla os respectivos juros, não havendo possibilidade legal para aplicação cumulativa de juros de 1% sobre os valores.

15.4. IMPUGNAÇÃO AOS CÁLCULOS

Elaborada a conta e tornada líquida, o juízo **deverá** abrir às partes prazo comum de oito dias úteis para impugnação fundamentada com a indicação dos itens e valores objeto da discordância, sob pena de preclusão. (§ 3º do art. 879 da CLT).

A impugnação apresentada pelas partes, além de tempestiva, deverá delimitar os itens e valores objeto da discordância, fundamentando as suas razões, sem possibilidade de impugnação genérica, sob pena de preclusão.

Com a impugnação prévia, a parte que não se manifestar sobre os cálculos não poderá rediscuti-los após a sua homologação pelo juiz. Assim, um eventual embargo à execução não poderá abordar matérias atinentes aos valores não impugnados no momento oportuno, devido à preclusão.

Por isso a importância de a parte impugnar nessa primeira fase todos os valores que lhe é motivo de discordância, pois em momento posterior (após a intimação para pagamento ou garantia do juízo), não poderá fazê-lo.

Não há na CLT qualquer menção acerca de recurso contra decisão que analisa a impugnação das partes quanto aos cálculos apresentados, pois a sentença de liquidação somente poderá ser impugnada mediante embargos à execução pelo executado ou impugnação pelo credor, nos termos do § 3º do art. 884 da CLT.

15.5. SENTENÇA DE LIQUIDAÇÃO

A decisão que encerrar a fase de liquidação poderá ser atacada pelas partes por meio de embargos à execução (pelo executado) ou impugnação (pelo credor), conforme dispõe o § 3º do art. 884 da CLT.

+ EXERCÍCIOS DE FIXAÇÃO

01. (FUMARC – 2022 – TRT 3ª Região MG – Analista Judiciário – Oficial de Justiça Avaliador Federal) Em relação à liquidação de sentença no processo do trabalho, é CORRETO afirmar:

A) A liquidação deve obedecer aos estritos limites da decisão transitada em julgado, sob pena de afronta ao instituto da coisa julgada e à imutabilidade da decisão.

B) As partes deverão ser previamente intimadas para a apresentação do cálculo de liquidação, cabendo, no mesmo prazo concedido às partes, a intimação da União, para apresentar a contribuição previdenciária incidente.

C) Elaborada a conta e tornada líquida, o juízo poderá abrir às partes prazo comum de oito dias para impugnação fundamentada com a indicação dos itens e valores objeto da discordância, sob pena de preclusão.

D) Sendo ilíquida a sentença exequenda, ordenar-se-á, previamente, a sua liquidação, que poderá ser feita por cálculo, por arbitramento, pelo procedimento comum ou por prova pericial.

E) Tratando-se de cálculos de liquidação complexos, o juiz poderá nomear perito para a elaboração e fixará, de imediato, antes de iniciar o trabalho, às expensas do executado, o valor dos respectivos honorários com observância, entre outros, dos critérios de razoabilidade e proporcionalidade.

02. (FCC – 2022 – TRT 5ª Região BA – Analista Judiciário – Área Judiciária) No processo de execução no Processo do Trabalho, após a elaboração da conta de liquidação, é __ do juízo abrir às partes prazo __ de __ dias para impugnação fundamentada. Com base no que prevê a Consolidação das Leis do Trabalho, as lacunas se preenchem correta e respectivamente com

A) dever – comum – 5

B) faculdade – comum – 10

C) dever – comum – 8

D) dever – sucessivo – 8

E) faculdade – sucessivo – 10

» GABARITO

01. A
02. C

16 EXECUÇÃO DE SENTENÇA

16.1. PRINCÍPIOS

A execução de sentença é composta por inúmeros atos que objetivam alcançar as obrigações previstas no título executivo. Por isso, os princípios devem nortear a dinâmica do processo de execução. A seguir, destacaremos os principais.

16.1.1. EFETIVIDADE

Este princípio representa um dos mais importante do processo de execução, pois busca dar efetividade prática ao comando da decisão exequenda, por meio de providencias eficazes para a satisfação da obrigação.

16.1.2. MEIOS MENOS ONEROSOS PARA O DEVEDOR

Quando por vários meios o exequente puder promover a execução, o juiz mandará que se faça pelo modo menos gravoso para o executado. (art. 805 do CPC).

Significa dizer que, ao se deparar com duas ou mais opções para satisfazer o crédito exequendo, o juiz deverá buscar o meio que menos cause prejuízos ao devedor.

16.1.3. PATRIMONIALIDADE

Segundo o qual, o executado não poderá sofrer restrições de sua liberdade por conta de dívidas trabalhista.

No processo de execução, o devedor responde com todos os seus bens presentes e futuros para o cumprimento de suas obrigações, salvo as restrições estabelecidas em lei. (art. 789 do CPC).

Porém, mesmo respondendo com todos os seus bens, a penhora só pode ocorre sobre os bens suficientes para o pagamento da dívida, deixando outros bens livres de constrição.

16.2. IMPULSO OFICIAL PÓS-REFORMA TRABALHISTA

Com a nova redação do art. 878 da CLT, o juiz somente poderá promover a execução de sentença de ofício, nos casos em que a parte interessada não estiver representada por advogado. Desse modo, o princípio do impulso oficial resta limitado.

Ainda, o legislador da reforma revogou o parágrafo único do referido artigo, retirando a possibilidade de o Ministério Público do Trabalho promover a execução nos casos de decisões proferidas pelos tribunais regionais do trabalho.

Há quem defenda que essa mudança caminha na contramão da celeridade que norteia o processo do trabalho, principalmente na fase de execução de sentença.

Entretanto, independentemente dos posicionamentos contrários ou a favor da nova regra do art. 878, precisamos nos ater ao seguinte fato: o art. 765 da CLT não foi alterado, permanecendo intacto. Esse artigo aduz claramente que "*os Juízos e Tribunais do Trabalho terão ampla liberdade na direção do processo e velarão pelo andamento rápido das causas, podendo determinar qualquer diligência* necessária ao esclarecimento delas." Ou seja, a liberdade do juiz em promover o rápido andamento do processo, tendo amplo poder para determinar qualquer diligência que vise a celeridade processual, o que inclui a fase de execução de sentença, principalmente, continua vigente.

Assim, temos dois dispositivos que se chocam, merecendo, nesse caso, interpretação mais favorável que prestigie o princípio da celeridade processual e da efetividade da prestação jurisdicional.

Portanto, mesmo com a nova redação do art. 878 da CLT, o juiz ainda poderá impulsionar a execução de ofício, por força do artigo 765 da CLT, art. 2º do CPC: "*o processo começa por iniciativa da parte e se desenvolve por impulso oficial, salvo as exceções previstas em lei.*"

Ademais, somos levados a pensar que não faz o menor sentido permitir a execução de ofício das contribuições previdenciárias decorrentes das decisões da Justiça do Trabalho, com base no art. 114, VIII, da Constituição, e ao mesmo tempo não permitir igualmente a execução dos demais créditos trabalhistas. Ou seja, não há como calcular o acessório (contribuições previdenciárias e imposto de renda) sem liquidar o principal.

Por essa razão, numa análise principiológica e levando em consideração a hierarquia das leis em relação à Constituição Federal, acreditamos que o art. 878 não será aplicado como pretendeu o legislador da reforma.

Sendo assim, aplica-se ao caso em questão, permitindo a atuação proativa do magistrado, o **princ**ípio da instrumentalidade das formas previsto no art. 188 do CPC, o qual aduz que "os atos e os termos processuais independem de forma determinada, salvo quando a lei expressamente a exigir, considerando-se válidos os que, realizados de outro modo, lhe preencham a finalidade essencial."

16.3. CITAÇÃO PARA PAGAMENTO

Requerida a execução, o juiz mandará expedir mandado de citação do executado, a fim de que cumpra a decisão ou o acordo no prazo, pelo modo e sob as cominações estabelecidas ou, quando se tratar de pagamento em dinheiro, inclusive de contribuições sociais devidas à União, para que o faça em 48 (quarenta e oito) horas ou garanta a execução, sob pena de penhora. (art. 880 da CLT).

A citação para pagamento deverá ser realizada por oficiais de justiça.

Se o executado, procurado por duas vezes no espaço de quarenta e oito horas, não for encontrado, a citação será realizada por edital, publicado no jornal oficial ou, na falta deste, afixado na sede da Vara, durante cinco dias. (§ 3º do art. 880 da CLT).

16.4. NOMEAÇÃO DE BENS À PENHORA

Ao final da redação do art. 882, o legislador da reforma fez referência à ordem preferencial da penhora prevista no art. 835 do CPC de 2015.

Sendo assim, o executado deverá observar a seguinte ordem presencial no tocante à penhora:

I - dinheiro, em espécie ou em depósito ou aplicação em instituição financeira;

II - títulos da dívida pública da União, dos Estados e do Distrito Federal com cotação em mercado;

III - títulos e valores mobiliários com cotação em mercado;

IV - veículos de via terrestre;

V - bens imóveis;

VI - bens móveis em geral;

VII - semoventes;

VIII - navios e aeronaves;

IX - ações e quotas de sociedades simples e empresárias;

X - percentual do faturamento de empresa devedora;

XI - pedras e metais preciosos;

XII - direitos aquisitivos derivados de promessa de compra e venda e de alienação fiduciária em garantia;
XIII - outros direitos.

Além da ordem acima, o § 1º do mesmo artigo determina que é prioritária a penhora em dinheiro, podendo o juiz, nas demais hipóteses, alterar a ordem prevista acima de acordo com as circunstâncias do caso concreto.

Na verdade, a modificação do art. 882 da CLT no tocante à observância da ordem de penhora não representa novidade, pois o art. 835 do CPC já era aplicado subsidiariamente ao processo do trabalho.

16.4.1. SEGURO GARANTIA JUDICIAL

A reforma trabalhista veio possibilitar três formas de garantir a execução: a) depósito da quantia correspondente, devidamente atualizada e acrescida das despesas processuais; b) seguro garantia, o qual também deverá abarcar no seu montante a atualização monetária e as despesas processuais; e c) nomeação de bens à penhora com potencial para abarcar o valor exequendo. O item "a" e "c" já constavam no art. 882 da CLT, a novidade está na letra "b".

A utilização do seguro garantia judicial já estava previsto na OJ 59 da SDI-2 do TST: "A carta de fiança bancária e o seguro garantia judicial, desde que em valor não inferior ao do débito em execução, acrescido de trinta por cento, equivalem a dinheiro para efeito da gradação dos bens penhoráveis, estabelecida no art. 835 do CPC de 2015 (art. 655 do CPC de 1973)."

No mesmo sentido, o CPC dispõe em seu art. 835, § 2º: "Para fins de substituição da penhora, equiparam-se a dinheiro a fiança bancária e o seguro garantia judicial, desde que em valor não inferior ao do débito constante da inicial, acrescido de trinta por cento."

Por sua vez, o TST, por meio da IN 39/2016, já considerava a aplicação do art. 835 do CPC à execução trabalhista, devido à omissão da legislação laboral e a compatibilidade do referido dispositivo ao processo do trabalho.

Além disso, a lei 6.830/1980 (dispõe sobre a cobrança judicial da Dívida Ativa da Fazenda Pública), aplicada subsidiariamente à execução trabalhista por força do art. 889 da CLT, após alteração feita pela Lei 13.043/2014, passou a admitir em seu art. 7º, II, a figura da fiança bancária e seguro garantia judicial como forma de garantir a execução.

Dessa forma, o legislador da reforma nada mais fez que incorporar a jurisprudência e o entendimento do TST à CLT, bem como a previsão contida na Lei 6.830/1980.

Na prática, o executado que não pagar o débito exequendo poderá garantir a execução através do seguro garantia, e o juízo da execução deverá aceitar o seguro para todos os fins, possibilitando ao executado o direito de embargar a execução.

Isso porque, o seguro garantia tem status de dinheiro, e como tal deve ser tratado, igualmente como ocorre com a carta de fiança bancária.

Entretanto, na prática o executado deverá observar um ponto extremamente importante e crucial para fazer uso desse direito: o valor do seguro garantia ou fiança bancária deverá abarcar o valor total da execução, com juros e correção monetária, incluindo todas as despesas processuais da execução (honorários advocatícios, honorários periciais e custas) **desde que acrescidos de 30%**. Veja que o montante global deverá ter esse acréscimo, sob pena de não cumprimento de requisito expressamente determinado em lei.

Portanto, encerra-se a divergência da aplicação ou não da fiança bancária ou seguro garantia na execução trabalhista, por expressa previsão na CLT. Antes da reforma, o argumento maior para não aplicar o art. 835 § 2º do CPC foi construído com base na regra de aplicação subsidiária do processo civil apenas nos casos de omissão da lei 6.830/1980, haja vista a ordem preferencial desta sobre o CPC, nas execuções trabalhistas (art. 889).

Por fim, cabe mencionar que o exequente não poderá levantar o valor exequendo incontroverso, por se tratar de seguro que cobrirá as despesas da execução apenas ao seu término.

16.4.2. GARANTIA DA EXECUÇÃO OU PENHORA DE BENS EM RELAÇÃO ÀS ENTIDADES FILANTRÓPICAS E SEUS DIRETORES ATUAIS E ANTIGOS

A exigência da garantia da execução ou nomeação de bens à penhora para então ter o direito a interpor embargos à execução, no prazo de 5 dias contados da intimação para pagamento, não se aplica às entidades filantrópicas e/ou diretores ou sócios que compõem ou compuseram a diretoria dessas instituições.

Nesses casos, tem-se que mudar a regra da contagem do prazo para o executado interpor embargos à execução, pois o art. 884 aduz que, garantida a execução ou penhorados os bens, terá o executado 5 dias para apresentar embargos. Ou seja, o prazo começa a contar após a garantia ou penhora dos bens. No caso das entidades isentas de garantir a execução ou penhora de bens, para fins de interposição de embargos à execução, o prazo deverá iniciar da intimação para pagamento prevista no art. 880 da CLT.

Evidentemente que a entidade filantrópica deverá comprovar sua qualidade de filantropia, sendo uma prova indispensável, sob pena de não ser isenta da garantia judicial.

Essa vantagem se estende também aos depósitos recursais na fase de conhecimento, nos termos do art. 899, § 10, da CLT: "São isentos do depósito recursal os beneficiários da justiça gratuita, as entidades filantrópicas e as empresas em recuperação judicial."

A lei 12.101/2009 dispõe sobre a certificação das entidades beneficentes de assistência social, estabelecendo a necessidade de a entidade receber um certificado de filantropia, além de estar em dia com suas obrigações fiscais e judiciais. Caso contrário, havendo alguma irregularidade, esse tratamento diferenciado será afastado, aplicando-se à entidade filantrópica as regras gerais.

Na mesma linha, a Constituição Federal, em seu art. 195, § 7º, confere isenção de contribuição para a seguridade social às entidades beneficentes de assistência social que atendam às exigências estabelecidas em lei. As exigências legais são aquelas inseridas na lei 12.101/2009.

A certificação de que trata a lei 12.101/2009 é concedida às pessoas jurídicas de direito privada, sem fins lucrativos, reconhecidas como entidades beneficentes de assistência social com a finalidade de prestação de serviços nas áreas de assistência social, saúde ou educação, e que atendam ao disposto na referida lei.

Desse modo, a comprovação, pelo executado, de que possui Certificado de Entidades Beneficentes de Assistência Social – CEBAS, é elemento fundamental para receber esse tratamento diferenciado do § 6º do art. 884 da CLT.

Lembrando que o mencionado certificado deverá ser válido à época da interposição dos embargos à execução ou do recurso na fase de conhecimento.

Se porventura o certificado perder sua validade no transcurso do processo, ou seja, após a interposição do recurso ou embargos à execução, a parte deverá comprovar, ao menos, que requereu a renovação do seu certificado dentro dos 360 dias anteriores ao termo final de validade do certificado, conforme determina o § 1º do art. 24 da lei 12.101/2009, sob pena de não conhecimento do recurso ou dos embargos à execução.

Outro ponto interessante está na possibilidade de desconsideração da personalidade jurídica dos sócios ou diretores das entidades filantrópicas, atuais e antigos (retirantes) pois o § 6º do art. 884 da CLT claramente reconhece ser possível a instauração desse incidente também nos casos de o devedor ser entidade filantrópica. Caso contrário, por qual razão o legislador faria essa menção? Portanto, o patrimônio dos sócios poderá ser afetado, caso esses incidam nas possibilidades legais previstas no art. 50 do Código Civil de 2002.

Engraçado que o legislador não se preocupou com a isenção das custas processuais, nem com honorários advocatícios, conferindo tal privilégio apenas e tão somente quanto aos depósitos recursais (art. 899, § 10) e garantia da execução ou penhora de bens. Sendo assim, as referidas entidades deverão arcar com as custas processuais, salvo se comprovarem sua hipossuficiência, nos termos do art. 790 da CLT.

16.5. EXCEÇÃO DE PRÉ-EXECUTIVIDADE

A exceção de pré-executividade é uma medida processual que serve para atacar o título executivo antes de qualquer ato de constrição de bens. A parte interessada demonstra que o título executivo não é exigível por questões de nulidades processuais ou matéria de ordem pública.

Não se confunde a exceção de pré-executividade com embargos à execução, pois a primeira ataca o título executivo sem qualquer garantia da execução, enquanto o segundo é uma ação incidental no processo de conhecimento que exige a garantia do juízo.

A exceção de pré-executividade é uma invenção da jurisprudência e da doutrina, pois não existe previsão legal.

Exemplos de situações processuais que ensejam exceção de pré-executividade:

× Falta ou nulidade da citação;
× Ilegitimidade passiva;
× Inexequibilidade do título ou inexigibilidade da obrigação;
× Penhora incorreta ou avaliação errônea;
× Excesso de execução ou cumulação indevida de execuções;
× Incompetência absoluta ou relativa do juízo da execução;

× Qualquer causa modificativa ou extintiva da obrigação, como pagamento, novação, compensação, transação ou prescrição, desde que supervenientes à sentença.

Considera-se inexigível o título judicial fundado em lei ou ato normativo declarados inconstitucionais pelo Supremo Tribunal Federal ou em aplicação ou interpretação tidas por incompatíveis com a Constituição Federal. (art. 884, § 5°, da CLT).

O objetivo da exceção de pré-executividade é evitar constrição patrimonial, pois caso algum bem seja penhorado, caberá embargos à execução nos termos do art. 884 da CLT.

O TST reconhece a utilização da exceção de pré-executividade no processo do trabalho, conforme aduz parte da súmula 397: "os meios processuais aptos a atacarem a execução da cláusula reformada são a exceção de pré-executividade e o mandado de segurança."

O momento processual adequado para apresentar a exceção de pré-executividade é após a citação para pagamento e sempre antes de qualquer penhora realizada contra o devedor.

16.6. PENHORA

Requerida a execução, o juiz mandará expedir mandado de citação do executado, a fim de que cumpra a decisão ou o acordo no prazo, pagando o valor executado em 48 horas ou garanta a execução, sob pena de **penhora**. Isso está previsto no art. 880 da CLT.

Na fase de execução de sentença a citação será feita por oficiais de justiça. (§ 2° do art. 880 da CLT).

Informa o art. 883 da CLT que, caso o executado não pague o valor devido e nem garanta a execução, o juiz ordenará a penhora dos bens, tantos quantos bastem ao pagamento da importância da condenação, acrescida de custas e juros de mora.

A penhora deverá respeitar a ordem prevista no art. 11 da Lei 6.830/80 (Lei de Execuções Fiscais):

> Art. 11 - A penhora ou arresto de bens obedecerá à seguinte ordem:
> I - dinheiro;
> II - título da dívida pública, bem como título de crédito, que tenham cotação em bolsa;
> III - pedras e metais preciosos;
> IV - imóveis;
> V - navios e aeronaves;
> VI - veículos;

VII - móveis ou semoventes; e

VIII - direitos e ações.

A prioridade da penhora é em dinheiro, porém o juiz poderá alterar a ordem prevista acima de acordo com as circunstâncias do caso concreto, conforme autoriza o § 1º do art. 835 do CPC.

O § 2º do art. 835 do CPC aduz que, para fins de substituição da penhora, equiparam-se a dinheiro a fiança bancária e o seguro garantia judicial, desde que em valor não inferior ao do débito constante da inicial, acrescido de trinta por cento.

As partes poderão requerer a substituição da penhora nos termos do art. 848 do CPC, se:

I - ela não obedecer à ordem legal;

II - ela não incidir sobre os bens designados em lei, contrato ou ato judicial para o pagamento;

III - havendo bens no foro da execução, outros tiverem sido penhorados;

IV - havendo bens livres, ela tiver recaído sobre bens já penhorados ou objeto de gravame;

V - ela incidir sobre bens de baixa liquidez;

VI - fracassar a tentativa de alienação judicial do bem; ou

VII - o executado não indicar o valor dos bens ou omitir qualquer das indicações previstas em lei.

A penhora também pode ser substituída por fiança bancária ou por seguro garantia judicial, em valor não inferior ao do débito constante da inicial, acrescido de trinta por cento.

16.6.1. BENS IMPENHORÁVEIS

Sobre o tema, aplica-se o art. 833 do CPC ao processo do trabalho, por força do art. 769 da CLT, o qual informa os bens considerados impenhoráveis:

Art. 833. São impenhoráveis:

I - os bens inalienáveis e os declarados, por ato voluntário, não sujeitos à execução;

II - os móveis, os pertences e as utilidades domésticas que guarnecem a residência do executado, salvo os de elevado valor ou os que ultrapassem as necessidades comuns correspondentes a um médio padrão de vida;

III - os vestuários, bem como os pertences de uso pessoal do executado, salvo se de elevado valor;

IV - os vencimentos, os subsídios, os soldos, os salários, as remunerações, os proventos de aposentadoria, as pensões, os pecúlios e os montepios, bem como as quantias recebidas por liberalidade de terceiro e destinadas ao sustento do devedor e de sua família, os ganhos de trabalhador autônomo e os honorários de profissional liberal, ressalvado o § 2º;

V - os livros, as máquinas, as ferramentas, os utensílios, os instrumentos ou outros bens móveis necessários ou úteis ao exercício da profissão do executado; VI - o seguro de vida;

VII - os materiais necessários para obras em andamento, salvo se essas forem penhoradas;

VIII - a pequena propriedade rural, assim definida em lei, desde que trabalhada pela família;

IX - os recursos públicos recebidos por instituições privadas para aplicação compulsória em educação, saúde ou assistência social;

X - a quantia depositada em caderneta de poupança, até o limite de 40 (quarenta) salários-mínimos; XI - os recursos públicos do fundo partidário recebidos por partido político, nos termos da lei;

XII - os créditos oriundos de alienação de unidades imobiliárias, sob regime de incorporação imobiliária, vinculados à execução da obra.

Ainda, a lei 8.009/90 traz o imóvel residencial próprio do casal, ou da entidade familiar, como um bem impenhorável e não poderá responder por qualquer tipo de dívida civil, comercial, fiscal, previdenciária ou de outra natureza, contraída pelos cônjuges ou pelos pais ou filhos que sejam seus proprietários e nele residam, salvo nas hipóteses previstas nesta lei. (art. 1º).

A impenhorabilidade compreende o imóvel sobre o qual se assentam a construção, as plantações, as benfeitorias de qualquer natureza e todos os equipamentos, inclusive os de uso profissional, ou móveis que guarnecem a casa, desde que quitados.

A súmula 486 do STJ dispõe que é "impenhorável o único imóvel residencial do devedor que esteja locado a terceiros, desde que a renda obtida com a locação seja revertida para a subsistência ou a moradia da sua família".

16.6.2. PENHORA DE IMÓVEIS

Quando a penhora recair em bens imóveis, para fins de conhecimento da penhora perante terceiros, a parte exequente deverá providenciar a averbação do arresto ou da penhora no registro competente, mediante apresentação de cópia do auto ou do termo, independentemente de mandado judicial, conforme autoriza o art. 844 do CPC.

16.6.3. PENHORA DE CRÉDITO

O art. 855 do CPC autoriza a intimação do terceiro devedor para que ele não pague o executado (seu credor) e autoriza a intimação do executado para que não disponham de crédito recebido de terceitos credores.

Se o terceiro credor do executado não cumprir a ordem judicial e não realizar o depósito judicial do valor da dívida a ser paga ao executado, e pagar diretamente para este, esse pagamento será considerado fraude à execução.

16.6.4. PENHORA ON-LINE

A penhora on-line é realizada por meio do convênio firmado com a Justiça do Trabalho e o banco Central do Brasil, onde o juiz encaminha às instituições bancárias requisições de bloqueios de valores de ativos em contas correntes e aplicações financeiras dos devedores, tanto pessoas físicas quanto jurídicas.

Assim, em execução definitiva por quantia certa, se o executado, regularmente citado, não efetuar o pagamento do débito nem garantir a execução, conforme dispõe o art. 880 da CLT, o juiz deverá, de ofício ou a requerimento da parte, emitir ordem judicial de bloqueio mediante o Sistema Bacen Jud, com precedência sobre outras modalidades de constrição judicial. (art. 95 da CPCGJT/2016).

Segundo o art. 97 do CPCGJT, o acesso do juiz ao Sistema Bacen Jud ocorrerá por meio de senhas pessoais e intransferíveis, após o cadastramento realizado pelo gerente setorial de segurança da informação do respectivo tribunal, denominado Máster. Parágrafo único: as operações de bloqueio, desbloqueio, transferência de valores e solicitação de informações são restritas às senhas dos juízes.

O art. 854 do CPC dispõe que "para possibilitar a penhora de dinheiro em depósito ou em aplicação financeira, o juiz, a requerimento do exequente, sem dar ciência prévia do ato ao executado, determinará às instituições financeiras, por meio de sistema eletrônico gerido pela autoridade supervisora do sistema financeiro nacional, que torne indisponíveis ativos financeiros existentes em nome do executado, limitando-se a indisponibilidade ao valor indicado na execução."

No prazo de 24 horas a contar da resposta, de ofício, o juiz determinará o cancelamento de eventual indisponibilidade excessiva, o que deverá ser cumprido pela instituição financeira em igual prazo. (§ 1º do art. 854 do CPC).

Tornados indisponíveis os ativos financeiros do executado, este será intimado na pessoa de seu advogado ou, não o tendo, pessoalmente. (§ 2º do art. 854 do CPC).

O executado poderá apresentar embargos, devendo comprovar que as quantias indisponíveis são impenhoráveis ou a existência de excesso de penhora.

Rejeitada ou não apresentada a manifestação do executado, o juiz irá converter a indisponibilidade em penhora, sem necessidade de lavratura de termo, devendo o juiz da execução determinar à instituição financeira depositária que, no prazo de 24 horas, transfira o montante indisponível para conta vinculada ao juízo da execução. (§ 5º do art. 854 do CPC).

16.6.5. PENHORA DE FATURAMENTO

Se o executado não tiver outros bens penhoráveis ou se os bens penhoráveis encontrados forem de difícil alienação ou insuficientes para saldar o crédito executado, o juiz poderá ordenar a penhora de percentual de faturamento de empresa. (art. 866 do CPC).

Para tanto, o juiz fixará percentual que propicie a satisfação do crédito exequendo em tempo razoável, mas que não torne inviável o exercício da atividade empresarial. (§ 1º do art. 866 do CPC).

Será nomeado pelo juiz um administrador-depositário, o qual submeterá à aprovação judicial a forma de sua atuação e prestará contas mensalmente, entregando em juízo as quantias recebidas, com os respectivos balancetes mensais, a fim de serem imputadas no pagamento da dívida. (§ 2º do art. 866 do CPC).

Na penhora de percentual de faturamento de empresa, será observado, no que couber, o disposto quanto ao regime de penhora de frutos e rendimentos de coisa móvel e imóvel. (§ 3º do art. 866 do CPC).

16.6.6. PENHORA DE BENS INDIVISÍVEL

A legislação brasileira permite a penhora de bens indivisíveis, penhorando-se a quota-parte do devedor, nos termos do art. 843 do CPC.

16.6.7. PENHORA NO ROSTO DOS AUTOS

O credor trabalhista que tiver conhecimento da existência de um crédito do executo em outro processo poderá requerer ao juiz que defira a penhora no rosto dos autos onde se encontra o crédito.

Quando o direito estiver sendo pleiteado em juízo, a penhora que recair sobre ele será averbada, com destaque, nos autos pertinentes ao direito e na ação correspondente à penhora, a fim de que esta seja efetivada nos bens que forem adjudicados ou que vierem a caber ao executado. (art. 860 do CPC).

16.6.8. APREENSÃO DA CNH DO EXECUTADO

O art. 139, IV, do CPC autoriza com que o juiz possa determinar todas as medidas indutivas, coercitivas, mandamentais ou sub-rogatórias necessárias para assegurar o cumprimento de ordem judicial, inclusive nas ações que tenham por objeto prestação pecuniária.

Com tal argumento, muitos exequentes que buscam a satisfação do seu crédito requerem ao juízo a apreensão da Carteira Nacional de Habilitação do devedor, como medida para fazer com que o pagamento seja feito.

Porém, a jurisprudência do TST começou a caminhar no sentido de autorizar tais medias, desde que aplicadas com cautela. Desse modo, será possível a apreensão da Carteira Nacional de Habilitação do devedor quando ficar evidenciado nos autos a inexistência de patrimônio do devedor, após a busca de bens por todos os meios e desde que não haja sucesso.

Em meio a tantas discussões sobre a constitucionalidade ou não da apreensão da CNH do executado devedor, o caso chegou até o STF, por meio da Ação Direta de Inconstitucionalidade (ADI) 5941, e o Supremo decidiu pela constitucionalidade do dispositivo do Código de Processo Civil (CPC) que autoriza o juiz a determinar medidas coercitivas necessárias para assegurar o cumprimento de ordem judicial, como a apreensão da Carteira Nacional de Habilitação (CNH) e de passaporte, a suspensão do direito de dirigir e a proibição de participação em concurso e licitação pública.

Para o STF, a aplicação concreta das medidas atípicas previstas no artigo 139, inciso IV, do CPC, é válida, desde que não avance sobre direitos fundamentais e observe os princípios da proporcionalidade e razoabilidade.

16.7. AVALIAÇÃO DOS BENS PENHORADOS

A avaliação será realizada por oficial de justiça e a vistoria e o laudo serão anexados ao auto de penhora ou, em caso de perícia realizada por avaliador, de laudo apresentado no prazo fixado pelo juiz, devendo-se, em qualquer hipótese, especificar os bens, com as suas características, e o estado em que se encontram e o valor dos bens. (art. 872 do CPC).

Quando o imóvel for suscetível de divisão, a avaliação será realizada em partes, sugerindo-se, com a apresentação de memorial descritivo, os possíveis desmembramentos para alienação. (§ 1º do art. 872 do CPC).

Será permitida nova avaliação quando o juiz acatar a alegação de erro na avaliação realizado pelo avaliador, quando verificar que houve majoração ou diminuição no valor do bem ou quando o juiz tiver fundada dúvida sobre o valor atribuído ao bem na primeira avaliação. (art. 873, I, II e III, do CPC).

Realizadas a penhora e a avaliação, o juiz dará início aos atos de expropriação do bem. (art. 875 do CPC).

16.8. SUBSTITUIÇÃO DA PENHORA

O executado pode, no prazo de 10 (dez) dias contado da intimação da penhora, requerer a substituição do bem penhorado, desde que comprove que lhe será menos onerosa e não trará prejuízo ao exequente. (art. 847 do CPC).

O juiz só autorizará a substituição se o executado: comprovar as respectivas matrículas e os registros por certidão do correspondente ofício, quanto aos bens imóveis; descrever os bens móveis, com todas as suas propriedades e características, bem como o estado deles e o lugar onde se encontram; descrever os semoventes, com indicação de espécie, de número, de marca ou sinal e do local onde se encontram; identificar os créditos, indicando quem seja o devedor, qual a origem da dívida, o título que a representa e a data do vencimento; e atribuir, em qualquer caso, valor aos bens indicados à penhora, além de especificar os ônus e os encargos a que estejam sujeitos. (art. 847, § 1º, I ao V, do CPC).

Requerida a substituição do bem penhorado, o executado deve indicar onde se encontram os bens sujeitos à execução, exibir a prova de sua propriedade e a certidão negativa ou positiva de ônus, bem como abster-se de qualquer atitude que dificulte ou embarace a realização da penhora. (§ 2º do art. 847 do CPC).

Após o pedido de substituição da penhora, o juiz intimará o exequente para se manifestar, conforme determina o § 4º do art. 847 do CPC.

Ainda, conforme art. 848 do CPC, as partes poderão requerer a substituição da penhora se:

× A penhora não obedecer à ordem legal;
× A penhora não incidir sobre os bens designados em lei, contrato ou ato judicial para o pagamento;
× Havendo bens no foro da execução, outros tiverem sido penhorados;
× Havendo bens livres, ela tiver recaído sobre bens já penhorados ou objeto de gravame;
× A penhora incidir sobre bens de baixa liquidez;
× Fracassar a tentativa de alienação judicial do bem; ou
× O executado não indicar o valor dos bens ou omitir qualquer das indicações previstas em lei.

Ainda, a penhora pode ser substituída por fiança bancária ou por seguro garantia judicial, em valor não inferior ao do débito constante da inicial, acrescido de trinta por cento, por força do parágrafo único do art. 848 do CPC.

Sempre que ocorrer a substituição dos bens inicialmente penhorados, será lavrado novo termo. (art. 849 do CPC).

Será admitida a redução ou a ampliação da penhora, bem como sua transferência para outros bens, se, no curso do processo, o valor de mercado dos bens penhorados sofrer alteração significativa. (art. 850 do CPC).

16.9. ORDEM DE PREFERÊNCIA

Após a entrada em vigor da lei 13.467/2017, estabeleceu-se uma ordem de preferência, pois primeiro o juiz deverá esgotar todas as buscas possíveis para encontrar bens da empresa devedora, não encontrando, ele poderá buscar em relação aos atuais sócios. Esgotadas as duas primeiras oportunidades, e somente depois disso, o juiz poderá direcionar a execução trabalhista em face do sócio que se retirou. Isso está previsto no art. 10-A da CLT.

Ao nosso sentir, esse ponto da reforma veio a calhar, pois, se há previsão no Direito Civil e omissão na CLT sobre o tema, deve-se aplicar àquela subsidiariamente (art. 8º), logo deve-se observar e respeitar o ato jurídico perfeito da cessão, venda ou resolução da sociedade empresária.

Sendo assim, não existindo na legislação trabalhista qualquer norma sobre o assunto, tem-se pela boa técnica de interpretação do ordenamento jurídico, que os artigos dispostos no Código Civil passariam a contemplar os casos trabalhistas:

> Art. 1.032. A retirada, exclusão ou morte do sócio, não o exime, ou a seus herdeiros, da responsabilidade pelas obrigações sociais anteriores, até dois anos após averbada a resolução da sociedade; nem nos dois primeiros casos, pelas posteriores e em igual prazo, enquanto não se requerer a averbação.

No tocante ao limite da responsabilidade, cabe dizer que a responsabilidade do sócio retirante se limita ao período em que figurou como sócio. Assim, numa reclamatória trabalhista o empregado não poderá cobrar do sócio retirante verbas cujo direito foi adquirido após a sua saída.

Ainda, na hipótese do sócio se retirar da sociedade no curso do processo, procedendo com as formalidades necessárias de averbação da sua saída, mesmo nesses casos continuará respondendo pelas verbas reclamadas, uma vez que a ação foi proposta antes da sua retirada e as verbas requeridas englobam o período em que figurou como sócio.

16.10. GRUPO ECONÔMICO

O § 2º do art. 2º da CLT, alterado pela lei 13.467/2017, deixa claro que mesmo sem subordinação entre as empresas, caracteriza-se grupo econômico quando as empresas estiverem sob a direção, controle ou administração de outra. Ficou expressa essa interpretação quando o legislador acrescentou a segunda parte do referido parágrafo: "ou ainda quando, mesmo guardando cada uma sua autonomia, integrem grupo econômico" (redação inspirada no § 2º do art. 3º da Lei 5.889/1973).

Assim, tem-se uma caracterização de grupo econômico baseada numa administração de linha horizontal, e não apenas em linha vertical, pois a subordinação não é mais requisito obrigatório. Na regra antiga, havia a figura do empregador único que estava no topo da pirâmide (linha vertical), onde as empresas de baixo lhe eram subordinadas, como ocorre nas sociedades por ações, quando a sociedade controladora e suas controladas podem constituir grupo de sociedades, mediante convenção pela qual se obriguem a combinar recursos ou esforços para a realização dos respectivos objetos, ou a participar de atividades ou empreendimentos comuns. Neste caso, a sociedade controladora, ou de comando do grupo, deve ser brasileira, e exercer, direta ou indiretamente, e de modo permanente, o controle das sociedades filiadas, como titular de direitos de sócio ou acionista, ou mediante acordo com outros sócios ou acionistas.

Com a nova regra, há a possibilidade de caraterização de grupo empresarial quando, mesmo sendo independentes do ponto de vista da atividade econômica, sejam coordenadas por outras de forma horizontal.

No tocante ao § 3º, inserido pela reforma, encerra-se a discussão e a insegurança jurídica que se tinha quando o assunto era responsabilidade das empresas que possuíam identidade de sócios (o mesmo sócio em duas ou mais empresas), mas que não estavam sob a mesma direção, controle ou administração uma em relação à outra.

Pela regra antiga, a Justiça do Trabalho reconhecia a responsabilidade solidária das empresas sob esse argumento, incluindo no polo passivo das demandas trabalhistas empresas que muitas vezes não se caracterizavam como grupo econômico. O simples fato de existir comunhão de sócios entre empresas não autoriza, de forma automática, a responsabilidade solidária dessas, visto que um empresário poderá exercer diversas atividades econômicas sem haver comunicação, subordinação, administração, controle e direção entre elas.

Agora, com a reforma trabalhista, para fins de responsabilidade solidária, não importa se o mesmo sócio compõe o quadro societário de outra empresa, é necessário comprovar o interesse integrado, a efetiva comunhão de interesses e a atuação conjunta das empresas, requisitos esses que devem ser preenchidos cumulativamente. Ou seja, deve haver objetivo comum e permanente entre as empresas.

× Todavia, na prática, o princípio da boa-fé deve imperar, pois os contratos de trabalho não podem ser afetados por práticas desonestas de alguns empresários que desvirtuam a norma e prejudicam os direitos dos trabalhadores.

16.11. **SUCESSÃO TRABALHISTA**

A mudança na propriedade ou na estrutura jurídica da empresa não afetará os contratos de trabalho dos respectivos empregados. (art. 448 da CLT).

Caracterizada a sucessão empresarial ou de empregadores prevista nos arts. 10 e 448 da CLT, as obrigações trabalhistas, inclusive as contraídas à época em que os empregados trabalhavam para a empresa sucedida, são de responsabilidade do sucessor. (art. 448-A da CLT).

Assim, qualquer alteração na estrutura jurídica da empresa, tais como a mudança societária ou a sucessão empresarial (cisão, incorporação, fusão), não afetará os direitos adquiridos por seus empregados. É o que prevê o art. 10 da CLT.

Na mesma linha vem o art. 448, não modificado pela reforma, o qual informa também que "a mudança na propriedade ou na estrutura jurídica da empresa não afetará os contratos de trabalho dos respectivos empregados."

No mesmo sentido, temos a OJ 261 da SDI-I do TST:

> BANCOS. SUCESSÃO TRABALHISTA. As obrigações trabalhistas, inclusive as contraídas à época em que os empregados trabalhavam para o banco sucedido, são de responsabilidade do sucessor, uma vez que a este foram transferidos os ativos, as agências, os direitos e deveres contratuais, caracterizando típica sucessão trabalhista.

Assim, a responsabilidade pelos direitos adquiridos e pelas obrigações trabalhistas como um todo é do sucessor, isto é, aquele que compra e passa a assumir a atividade econômica da empresa.

No entanto, caso se evidencie fraude nessa transação, a empresa sucessora (quem vendeu) passará a responder pelas obrigações trabalhistas de forma solidária com o sucessor. Portanto, o art. 448-A resguarda a possibilidade de cobrar da empresa sucessora os créditos trabalhistas nos casos de fraude nessas transações.

16.12. DESCONSIDERAÇÃO DA PERSONALIDADE JURÍDICA

A desconsideração da personalidade jurídica no processo do trabalho é alvo de grandes debates há muito tempo. A grande divergência está na forma como os juízes trabalhistas operavam esse instituto: simples despachos sem grandes fundamentações e formalidades bastavam para concretizar esse fenômeno.

A desconsideração da personalidade jurídica está prevista no art. 50 do Código Civil de 2002 e no art. 28, § 5º do CDC:

> Art. 50. Em caso de abuso da personalidade jurídica, caracterizado pelo desvio de finalidade, ou pela confusão patrimonial, pode o juiz decidir, a requerimento da parte, ou do Ministério Público quando lhe couber intervir no processo, que os efeitos de certas e determinadas relações de obrigações sejam estendidos aos bens particulares dos administradores ou sócios da pessoa jurídica.
> Art. 28. O juiz poderá desconsiderar a personalidade jurídica da sociedade quando, em detrimento do consumidor, houver abuso de direito, excesso

de poder, infração da lei, fato ou ato ilícito ou violação dos estatutos ou contrato social. A desconsideração também será efetivada quando houver falência, estado de insolvência, encerramento ou inatividade da pessoa jurídica provocados por má administração.

§ 5º Também poderá ser desconsiderada a pessoa jurídica sempre que sua personalidade for, de alguma forma, obstáculo ao ressarcimento de prejuízos causados aos consumidores.

A ideia central de legitimidade da desconsideração da personalidade jurídica está na celeridade, efetividade da jurisdição e duração razoável do processo, princípios consagrados pelo art. 5º da Constituição Federal.

A necessidade de um incidente processual passou a ter previsão com o CPC de 2015, determinando um procedimento próprio de processamento da desconsideração da personalidade jurídica, abarcando, como não poderia deixar de ser, o contraditório e a ampla possibilidade probatória.

No processo do trabalho não havia a necessidade de instauração de incidente processual para desconsideração da personalidade jurídica, o que impedia em muitos casos a possibilidade ampla e segura de contraditório. Não era necessário comprovar fraude ou desvio de finalidade para então os sócios atuais e antigos responderem de forma objetiva pela dívida trabalhista. A desnecessidade de comprovação de gestão ilícita ou desvirtuada da empresa, conforme exigências do art. 50 do Código Civil, afastava a formalidade processual e direcionava quase que automaticamente a execução contra os sócios.

Entretanto, antes mesmo da reforma trabalhista, o Tribunal Superior do Trabalho baixou a Instrução Normativa nº 39, editada pela resolução 203/2016, a qual permitia em seu art. 6º a aplicação dos artigos do CPC no tocante à desconsideração da personalidade jurídica no processo do trabalho:

Art. 6º Aplica-se ao Processo do Trabalho o incidente de desconsideração da personalidade jurídica regulado no Código de Processo Civil (arts. 133 a 137), assegurada a iniciativa também do juiz do trabalho na fase de execução (CLT, art. 878).

Assim, o incidente de desconsideração da personalidade jurídica se aplica ao processo do trabalho, por força do art. 855-A da CLT, acrescentado pela lei 13.467/2017, e deve seguir o disposto nos artigos 133 a 137 do CPC.

E o que diz o CPC sobre o tema?

- CPC:

Assim dispõe o CPC sobre a matéria em análise:

Art. 133. O incidente de desconsideração da personalidade jurídica será instaurado a pedido da parte ou do Ministério Público, quando lhe couber intervir no processo.

§ 1º O pedido de desconsideração da personalidade jurídica observará os pressupostos previstos em lei.

§ 2º Aplica-se o disposto neste Capítulo à hipótese de desconsideração inversa da personalidade jurídica.

Art. 134. O incidente de desconsideração é cabível em todas as fases do processo de conhecimento, no cumprimento de sentença e na execução fundada em título executivo extrajudicial.

§ 1º A instauração do incidente será imediatamente comunicada ao distribuidor para as anotações devidas.

§ 2º Dispensa-se a instauração do incidente se a desconsideração da personalidade jurídica for requerida na petição inicial, hipótese em que será citado o sócio ou a pessoa jurídica.

§ 3º A instauração do incidente suspenderá o processo, salvo na hipótese do § 2º.

§ 4º O requerimento deve demonstrar o preenchimento dos pressupostos legais específicos para desconsideração da personalidade jurídica.

Art. 135. Instaurado o incidente, o sócio ou a pessoa jurídica será citado para manifestar-se e requerer as provas cabíveis no prazo de 15 (quinze) dias.

Art. 136. Concluída a instrução, se necessária, o incidente será resolvido por decisão interlocutória.

Parágrafo único. Se a decisão for proferida pelo relator, cabe agravo interno.

Art. 137. Acolhido o pedido de desconsideração, a alienação ou a oneração de bens, havida em fraude de execução, será ineficaz em relação ao requerente.

A primeira observação a ser fazer diz respeito à parte legitimada para requerer o incidente de desconsideração da personalidade jurídica. Enquanto o art. 6º da IN 39 do TST permitia a instauração do incidente por iniciativa das partes e do juiz, o CPC, em seu art. 133 limita tal legitimidade à parte interessada e ao Ministério Público, quando lhe couber intervir no processo. Sendo assim, pela nova regra, o juiz não poderá mais desconsiderar a personalidade jurídica da empresa sem a devida provocação das partes ou, no caso do processo do trabalho, do Ministério Público do Trabalho. Isso afasta a aplicação do princípio da execução de ofício pelo magistrado.

O interessante nesse instituto é que o CPC, em seu art. 134, permite que a instauração se dê em qualquer fase do processo, seja na de conhecimento ou execução de sentença, mesmo aquelas execuções fundadas em títulos extrajudiciais.

Além disso, a parte interessada poderá pleitear a desconsideração da personalidade jurídica desde a petição inicial. Nesses casos, o sócio será citado juntamente com a pessoa jurídica.

Caso o incidente seja instaurado no decurso do processo, haverá a suspensão do mesmo, sendo o sócio citado pessoalmente para, no prazo de 15 dias, exercer seu direito de defesa, com ampla possibilidade de provar suas alegações, sob pena de cerceamento de defesa caso haja a violação do seu direito de defesa.

Caso seja necessário haverá instrução processual para oitiva de testemunhas e demais provas que se mostrarem necessárias. Após a instrução, o juízo decidirá o incidente em forma de decisão interlocutória, a qual caberá recurso na seguinte maneira:

a. Se a decisão que acolhe ou nega a desconsideração da personalidade jurídica for proferida na fase de conhecimento: não **caberá recurso de imediato**, na forma do § 1º do art. 893 da CLT: "*Os incidentes do processo são resolvidos pelo próprio Juízo ou Tribunal, admitindo-se a apreciação do merecimento das decisões interlocutórias somente em recursos da decisão definitiva*". Nesse caso cabe recurso ordinário quando da sentença de primeiro grau;

b. Se a decisão que acolhe ou nega a desconsideração da personalidade jurídica for proferida na fase de execução: **cabe agravo de petição**, sendo desnecessário garantir a execução;

c. Se a decisão for proferida pelo relator em incidente instaurado originariamente no tribunal: **cabe recurso de agravo interno** para o próprio tribunal.

- **Suspens**ão do processo e tutela de urgência:

Aduz o § 2º do art. 855-A da CLT que a instauração do incidente suspenderá o processo, salvo se o pedido de desconsideração da personalidade jurídica for feito na petição inicial. Caso contrário, a instauração do incidente suspenderá o processo na fase de conhecimento ou de execução, dependendo do tempo em que foi instaurado.

Todavia, a suspensão do processo não impede com que a parte requerente possa se resguardar de possíveis desfazimentos patrimoniais dos sócios da empresa, a fim de obstar a execução e evitar a entrega da prestação jurisdicional. Estamos falando da tutela de urgência prevista no art. 301 do CPC.

156 PROCESSO DO TRABALHO

O legislador da reforma possibilitou a instauração do incidente de desconsideração da personalidade jurídica juntamente com a propositura de tutela de urgência, possibilitando ao magistrado, quando apreciar o pedido, determinar liminarmente que o sócio deixe de vender ou se desfazer de qualquer de seus bens, bem como fazer arresto de bens móveis, imóveis ou ativos financeiros, até que se discuta o incidente. Assim, o alcance da efetividade da execução fica bem mais próximo

Após o trânsito em julgado, o processo retoma o seu curso normal, com ou sem a inclusão do sócio no polo passivo da demanda ou da execução trabalhista.

16.13. EXECUÇÃO PROVISÓRIA

O art. 899 da CLT nos informa que os recursos no processo do trabalho possuem efeito meramente devolutivo, não suspendendo o processo, salvo as próprios exceções previstas na CLT. Logo, o referido dispositivo permite a execução provisória até a penhora dos bens do futuro devedor.

Em que pese a execução provisória ser bem aceita pela doutrina e jurisprudência, o tema não tem previsão na CLT, devendo o operador buscar no CPC o procedimento de forma subsidiária.

Assim, o art. 520 do CPC aduz que o cumprimento provisório da sentença impugnada por recurso desprovido de efeito suspensivo será realizado da mesma forma que o cumprimento definitivo.

Nesse caso, ao iniciar a execução provisória, o exequente assume a responsabilidade e, se a sentença for reformada, poderá ter que reparar os danos que o executado haja sofrido. (inciso I do art. 520 do CPC).

Se a decisão for modificada em sede de recurso, total ou parcialmente, a execução provisória fica sem efeito, retornando ao estado anterior e liquidando-se eventuais prejuízos demonstrados nos autos. (inciso II e III do art. 520 do CPC).

A execução provisória poderá ser de apenas parte da decisão que ainda não se tornou definitiva. Tanto é verdade que o art. 897, § 1º, da CLT diz claramente que "o agravo de petição só será recebido quando o agravante delimitar, justificadamente, as matérias e os valores impugnados, **permitida a execução imediata da parte remanescente até o final,** nos próprios autos ou por carta de sentença."

No cumprimento provisório da sentença, o executado poderá apresentar impugnação, se quiser. (§ 1º do art. 520 do CPC).

Porém, na execução provisória o exequente não poderá avançar além da penhora dos bens do executado, pois o art. 899 da CLT deixa claro esse limite, não permitindo a prática de atos de expropriação patrimonial.

Ainda, cabe destacar que a penhora de bens do executado em âmbito de execução provisória não fere direito líquido e certo do executado, mesmo se a penhora for realizada em **dinheiro**, desde que o valor fique depositado em juízo e não seja liberado ao exequente até que a execução se torne definitiva. Isso está previsto na súmula 417 do TST.

O meio pelo qual o exequente promoverá a execução provisória será pela carta de sentença, em autos apartados, sendo que o processo principal prosseguirá com seu fluxo normalmente. É o que diz o art. 522 do CPC: "O cumprimento provisório da sentença será requerido por petição dirigida ao juízo competente."

16.14. EXECUÇÃO CONTRA FAZENDA PÚBLICA E AUTARQUIAS

O processo de execução de sentença contra fazenda pública e autarquias será processado na forma do art. 844 da CLT, assim como na execução comum. O detalhe está no fato de que, no caso do ente público, não haverá penhora de bens, devendo a parte devedora ser citada para responder a execução (impugnar) no prazo de 30 dias, conforme art. 535 do CPC.

Nos embargos, a fazendo pública e suas autarquias poderá alegar:

× Falta ou nulidade da citação se, na fase de conhecimento, o processo correu à revelia;

× Ilegitimidade de parte;

× Inexequibilidade do título ou inexigibilidade da obrigação;

× Excesso de execução ou cumulação indevida de execuções;

× Incompetência absoluta ou relativa do juízo da execução;

× Qualquer causa modificativa ou extintiva da obrigação, como pagamento, novação, compensação, transação ou prescrição, desde que supervenientes ao trânsito em julgado da sentença.

Caso o ente público não oponha embargos à execução ou os meios impugnatórios sejam infrutíferos, o juiz irá requisitas ao presidente do tribunal o pagamento devido ao exequente e o pagamento será realizado por ordem de apresentação de precatório, para os valores que não se enquadrarem como de pequeno valor.

Lembrando que não estão sujeitos à expedição de precatórios os pagamentos de pequeno valor previstos no § 3º do art. 100 da CF/88.

São considerados pequenos valores que não necessitam esperar pelo precatório:

Fazenda Pública Federal: 60 salários-mínimos (art. 17, § 3o, da Lei n. 10.259/2001);

Fazenda Pública dos Estados e do Distrito Federal: 40 salários-mínimos (ADCT, art. 87, I); e

Fazenda Pública dos Municípios: 30 salários-mínimos (ADCT, art. 87, II).

Lembrando que a requisição de pagamento de precatórios ou de pequeno valor não podem ocorrer na execução provisória de sentença, mas apenas na definitiva.

Quanto à atualização dos valores devidos pela fazenda pública e seus autarquias, a partir da promulgação da Emenda Constitucional, 62/2009, a atualização de valores de requisitórios, após sua expedição, até o efetivo pagamento, independentemente de sua natureza, será feita pelo índice oficial de remuneração básica da caderneta de poupança, e, para fins de compensação da mora, incidirão juros simples no mesmo percentual de juros incidentes sobre a caderneta de poupança, ficando excluída a incidência de juros compensatórios. (§ 12 do art. 100 da CF/88).

As dotações orçamentárias e os créditos abertos serão consignados diretamente ao Poder Judiciário, cabendo ao Presidente do Tribunal que proferir a decisão exequenda determinar o pagamento integral e autorizar, a requerimento do credor e exclusivamente para os casos de preterimento de seu direito de precedência ou de não alocação orçamentária do valor necessário à satisfação do seu débito, o sequestro da quantia respectiva. (§ 6º do art. 100 da CF/88).

16.15. EXECUÇÃO DE CONTRIBUIÇÃO PREVIDENCIÁRIA

A competência da Justiça do Trabalho para executar de ofício as contribuições previdenciárias provenientes das suas decisões e acordos que homologar tem previsão constitucional no art. 114, VIII, da Constituição Federal:

Art. 114. Compete à Justiça do Trabalho processar e julgar:

VIII a execução, de ofício, das contribuições sociais previstas no art. 195, I, a, e II, e seus acréscimos legais, decorrentes das sentenças que proferir; (Incluído pela Emenda Constitucional nº 45, de 2004)

Caso o legislador da reforma diferisse do texto constitucional, cairia em flagrante inconstitucionalidade.

Sobre o tema, não poderíamos deixar de citar a súmula 368, I, do TST: "A Justiça do Trabalho é competente para determinar o recolhimento das contribuições fiscais. A competência da Justiça do Trabalho, quanto à execução das contribuições previdenciárias, limita-se às sentenças condenatórias em pecúnia que proferir e aos valores, objeto de acordo homologado, que integrem o salário de contribuição."

Além disso, sobre o tema, a Súmula Vinculante nº 53 aduz claramente que "a competência da Justiça do Trabalho prevista no art. 114, VIII, da Constituição Federal alcança a execução de ofício das contribuições previdenciárias relativas ao objeto da condenação constante das sentenças que proferir e acordos por ela homologados."

Dessa forma, tem-se que o parágrafo único do art. 876 da CLT está em total sintonia com o texto constitucional, além de coadunar com a jurisprudência do TST e STF.

Entretanto, temos um ponto importante que chama a atenção: o legislador da reforma retirou do texto anterior da CLT a expressão "inclusive sobre os salários pagos durante o período contratual reconhecido". Isso implica no afastamento da competência da Justiça do Trabalho em executar as contribuições previdenciárias sobre os salários pagos no período do vínculo de emprego reconhecido pela Justiça Especializada. Como ocorre nos casos de trabalho informal.

Agindo assim, o legislador da reforma caiu em erro grosseiro, pois não faz sentido retirar ou dificultar a competência da Justiça do Trabalho para executar as contribuições previdenciárias sobre os salários pagos no período do vínculo de emprego reconhecido por ela, haja vista a evidente perda de contribuições previdenciárias e os prejuízos que o credor sofrerá.

Todavia, a **jurisprudência do** TST caminha no sentido de afastar a competência da Justiça do Trabalho para executar as contribuições previdenciárias sobre os salários pagos no período do vínculo de emprego reconhecido por ela, vejamos:

RECURSO DE REVISTA - EXECUÇÃO - CONTRIBUIÇÃO PREVIDENCIÁRIA - VÍNCULO DE EMPREGO RECONHECIDO EM JUÍZO - INCOMPETÊNCIA DA JUSTIÇA DO TRABALHO - SÚMULA Nº 368, ITEM I, DO TST Nos termos da

Súmula nº 368, item I, do TST, não se inclui na competência da Justiça do Trabalho a execução das contribuições previdenciárias decorrentes do período em que reconhecido o vínculo de emprego em Juízo. [...]. (TST - RR: 119100-42.2007.5.15.0007, Data de Julgamento: 08/04/2015, Data de Publicação: DEJT 10/04/2015)

CONTRIBUIÇÃO PREVIDENCIÁRIA - VÍNCULO DE EMPREGO RECONHECI-DO EM JUÍZO - INCOMPETÊNCIA DA JUSTIÇA DO TRABALHO - SÚMULA Nº 368, I, DO TST O v. acórdão regional está conforme à jurisprudência desta Corte, consolidada na Súmula nº 368, I, no sentido de que não se inclui na competência da Justiça do Trabalho a execução das contribui-ções previdenciárias decorrentes do período em que reconhecido o vínculo de emprego em juízo. Agravo de Instrumento a que se nega provimento. (TST - AIRR: 157200-33.2004.5.03.0063, Relator: Maria Cristina Irigoyen Peduzzi, Data de Julgamento: 17/02/2016, 8ª Turma, Data de Publicação: DEJT 19/02/2016)

Inclusive, no **RE nº** 569.056, em sede de repercussão geral, o Plenário do STF, ratificando a jurisprudência do TST, decidiu que "a execução das contribuições previdenciárias está no alcance da Justiça do Trabalho quando relativas ao objeto da condenação constantes de suas sentenças, não abrangendo a execução de contribuições previdenciárias atinentes ao vínculo de trabalho reconhecido na decisão, mas sem condenação ou acordo quanto ao pagamento de verbas salariais que lhe possam servir de base de cálculo."

Assim, desde que a sentença seja meramente declaratória da exis-tência de vínculo de emprego, não compete à Justiça do Trabalho a execução das contribuições previdenciárias sobre os salários pagos no período do vínculo de emprego reconhecido.

16.16. EMBARGOS À EXECUÇÃO

Os embargos à execução representam um meio de combate a decisão que defina o mérito da execução de sentença. Não se confunde com a impugnação aos cálculos que o devedor poderá apresentar na fase de cumprimento de sentença (elaboração dos cálculos). Aqui, já foi superada a fase de discussão dos cálculos e se deu início ao processo de execução definitiva.

Os embargos à execução estão previstos no art. 884 da CLT.

16.16.1. CABIMENTO

Cabe embargos à execução quando esta estiver garantida, isto é, quando há valores bloqueados em conta judicial ou bens penhorados que garantam a satisfação do crédito exequendo.

Assim, o executado deverá garantir inteiramente a execução para então combater a sentença de liquidação. Ocorrendo uma das hipóteses abaixo, o executado poderá exercer o direito previsto no art. 884 da CLT:

× Bloqueio de ativos financeiros (Bacenjud);
× Penhora de bens que garantam inteiramente o valor da execução;
× Depósito em juízo realizado pelo próprio executado com o fim de garantir a execução e opor embargos;
× Nomeação de bens que garantam inteiramente o valor da execução.

Lembrado que a exigência da garantia ou penhora não se aplica às entidades filantrópicas e/ou àqueles que compõem ou compuseram a diretoria dessas instituições, conforme § 6º do art. 884 da CLT.

O prazo é de 5 dias úteis, a contar da notificação do bloqueio, da penhora, da nomeação de bens ou da realização do depósito judicial que garante integralmente os valores da execução.

O mesmo prazo de 5 dias úteis terá o exequente para apresentar impugnação à sentença de liquidação.

Portanto, somente nos embargos à penhora poderá o executado impugnar a sentença de liquidação, cabendo ao exequente igual direito e no mesmo prazo. (§ 3º do art. 884 da CLT).

No caso da Fazendo Pública, o prazo para opor embargos à execução é de 30 dias e o INSS terá prazo em dobro para apresentar impugnação quanto aos créditos previdenciários (10 dias).

16.16.2. MATÉRIAS

A matéria de defesa será restrita às alegações de cumprimento da decisão ou do acordo, quitação ou prescrição da dívida. (§ 1º do art. 884 da CLT).

Aplica-se ao tema o art. 917 do CPC, o qual informa que o executado poderá alegar nos embargos à execução as seguintes matérias:

I - inexequibilidade do título ou inexigibilidade da obrigação;
II - penhora incorreta ou avaliação errônea;
III - excesso de execução ou cumulação indevida de execuções;

IV - retenção por benfeitorias necessárias ou úteis, nos casos de execução para entrega de coisa certa;

V - incompetência absoluta ou relativa do juízo da execução;

VI - qualquer matéria que lhe seria lícito deduzir como defesa em processo de conhecimento.

Se na defesa tiverem sido arroladas testemunhas, poderá o Juiz ou o Presidente do Tribunal, caso julgue necessários seus depoimentos, marcar audiência para a produção das provas, a qual deverá realizar-se dentro de 5 dias. (§ 2º do art. 884 da CLT).

16.17. IMPUGNAÇÃO DO CREDOR

No mesmo prazo de 5 dias dos embargos à execução, o credor poderá apresentar impugnação à sentença de liquidação, nos termos do art. 884 da CLT.

16.18. EMBARGOS DE TERCEIROS

Os embargos de terceiros são aceitos no processo do trabalho, mesmo não havendo previsão na CLT, mas se aplica ao caso o art. 674 do CPC, de forma subsidiária.

Diz o art. 674 do CPC que "quem, não sendo parte no processo, sofrer constrição ou ameaça de constrição sobre bens que possua ou sobre os quais tenha direito incompatível com o ato constritivo, poderá requerer seu desfazimento ou sua inibição por meio de embargos de terceiro."

Os embargos podem ser de terceiro proprietário, inclusive fiduciário, ou possuidor. (§ 1º do art. 674 do CPC).

O § 2º do art. 674 do CPC dispõe sobre quem é considera-se terceiro, para ajuizamento dos embargos:

I - o cônjuge ou companheiro, quando defende a posse de bens próprios ou de sua meação, ressalvado o disposto no art. 843;

II - o adquirente de bens cuja constrição decorreu de decisão que declara a ineficácia da alienação realizada em fraude à execução;

III - quem sofre constrição judicial de seus bens por força de desconsideração da personalidade jurídica, de cujo incidente não fez parte;

IV - o credor com garantia real para obstar expropriação judicial do objeto de direito real de garantia, caso não tenha sido intimado, nos termos legais dos atos expropriatórios respectivos.

Os embargos podem ser opostos a qualquer tempo no processo de conhecimento enquanto não transitada em julgado a sentença e, no cumprimento de sentença ou no processo de execução, até 5 dias depois da adjudicação, da alienação por iniciativa particular ou da arrematação, mas sempre antes da assinatura da respectiva carta. (art. 675 do CPC).

Percebe-se, pois, que o objetivo dos embargos de terceiros é proteger a posse ou a propriedade de quem não é parte no processo, mas que por alguma circunstância acaba sendo turbado ou esbulhado na posso de seus bens por alguma medida judicial de penhora, sequestro, arresto, alienação judicial etc.

Os embargos serão distribuídos por dependência ao juízo que ordenou a constrição e autuados em apartado. (art. 676 do CPC).

Nos casos de ato de constrição realizado por carta, os embargos serão oferecidos no juízo deprecado, salvo se indicado pelo juízo deprecante o bem constrito ou se já devolvida a carta. (parágrafo único do art. 676 do CPC).

Na execução por carta precatória, os embargos de terceiro serão oferecidos no juízo deprecado, salvo se indicado pelo juízo deprecante o bem constrito ou se já devolvida a carta. (súmula 419 do TST).

Importante destacar que o embargante deverá provar desde a petição inicial que tem a posse ou a propriedade do bem constrito e provar sua qualidade de terceiro, podendo apresentar rol de testemunhas, conforme dispõe o art. 677 do CPC.

O juiz, ao verificar que o embargante provou posse ou a propriedade do bem constrito, determinará a suspensão das medidas constritivas sobre os bens litigiosos objeto dos embargos, bem como a manutenção ou a reintegração provisória da posse, se o embargante a houver requerido. (art. 678 do CPC).

O embargado poderá apresentar contestação no prazo de 15 dias.

Ao final, se o juiz acatar o pedido dos embargos de terceiros, o ato de constrição judicial indevida será cancelado, com o reconhecimento do domínio, da manutenção da posse ou da reintegração definitiva do bem ou do direito ao embargante, de acordo com o art. 681 do CPC.

16.19. **AGRAVO DE PETIÇÃO**

Remetemos o leito ao item do agravo de petição contido no capítulo dos "Recursos em espécie."

16.20. ATO ATENTATÓRIO À DIGNIDADE DA JUSTIÇA E FRAUDE À EXECUÇÃO

Conforme nos apresenta o art. 774 do CPC, considera-se ato atentatório à dignidade da Justiça as seguintes condutas praticadas pelo executado:

I - frauda a execução;

II - se opõe maliciosamente à execução, empregando ardis e meios artificiosos; III - dificulta ou embaraça a realização da penhora;

IV - resiste injustificadamente às ordens judiciais;

V - intimado, não indica ao juiz quais são e onde estão os bens sujeitos à penhora e os respectivos valores, nem exibe prova de sua propriedade e, se for o caso, certidão negativa de ônus.

Nos casos previstos acima, o juiz fixará multa em montante não superior a vinte por cento do valor atualizado do débito em execução, a qual será revertida em proveito do exequente, exigível nos próprios autos do processo, sem prejuízo de outras sanções de natureza processual ou material. (parágrafo único do art. 774 do CPC).

O devedor responde com todos os seus bens presentes e futuros para o cumprimento de suas obrigações, salvo as restrições estabelecidas em lei (art. 789 do CPC), já tratadas nessa obra.

A alienação ou a oneração de bem é considerada fraude à execução nas seguintes hipóteses (art. 792 do CPC):

I - quando sobre o bem pender ação fundada em direito real ou com pretensão reipersecutória, desde que a pendência do processo tenha sido averbada no respectivo registro público, se houver;

II - quando tiver sido averbada, no registro do bem, a pendência do processo de execução, na forma do art. 828;

III - quando tiver sido averbado, no registro do bem, hipoteca judiciária ou outro ato de constrição judicial originário do processo onde foi arguida a fraude;

IV - quando, ao tempo da alienação ou da oneração, tramitava contra o devedor ação capaz de reduzi-lo à insolvência;

V - nos demais casos expressos em lei.

É bom destacar que a alienação de um bem em fraude à execução não afeta o direito do exequente, pois tal ato é ineficaz em relação ao exequente.

No caso de aquisição de bem não sujeito a registro, o terceiro adquirente tem o ônus de provar que adotou as cautelas necessárias para a aquisição, mediante a exibição das certidões pertinentes, obtidas no domicílio do vendedor e no local onde se encontra o bem. (§ 2º do art. 792 do CPC).

Antes de declarar a fraude à execução, o juiz deverá intimar o terceiro adquirente, que, se quiser, poderá opor embargos de terceiro, no prazo de 15 (quinze) dias. (§ 4º do art. 792 do CPC).

A fraude à execução se trata de um ato processual, enquanto a fraude contra credores é relativa a um defeito no ato jurídico evidenciada em ação própria. São, portanto, institutos diferentes que não podem ser confundidos.

16.21. **PRESCRIÇÃO INTERCORRENTE**

Essa questão da aplicação da prescrição intercorrente no processo do trabalho sempre foi motivo de controvérsia e grandes debates jurídicos, pois de um lado, para aqueles que defendem a sua aplicação, temos a súmula 327 do STF, a qual é clara ao afirmar que o Direito Trabalhista admite a prescrição intercorrente. Por outro lado, para os defensores da impossibilidade de se aplicar a prescrição intercorrente no âmbito processual trabalhista, tem-se a súmula 114 do TST, a qual afirma categoricamente que é inaplicável na Justiça do Trabalho a prescrição intercorrente.

Para esquentar ainda mais a discussão, a lei 11.051/2004 acrescentou o § 4º no art. 40 da lei 6.830/1980 (aplicada subsidiariamente ao processo do trabalho), dizendo que "se da decisão que ordenar o arquivamento tiver decorrido o prazo prescricional, o juiz, depois de ouvida a Fazenda Pública, poderá, de ofício, reconhecer a prescrição intercorrente e decretá-la de imediato." Ou seja, pela leitura do dispositivo citado, desde o ano de 2004 a prescrição intercorrente poderia ser aplicada no processo do trabalho.

Porém, a lei 13.467/2017 veio autorizar definitivamente sua aplicação no processo do trabalho, acabando com anos de discussões e teses.

Portanto, com a reforma, encerra-se a longevidade das execuções abandonadas pelos credores no âmbito do processo do trabalho. Agora não mais será possível a espera perpétua dos exequentes pela possibilidade de receber os valores liquidados na execução trabalhista.

Isso porque, com o disposto no art. 11-A acrescentado à CLT pela lei 13.467/2017, o exequente terá que ser mais proativo no sentido de buscar formas e meios de efetivamente executar o devedor, sob pena de incidência da prescrição intercorrente, caso o processo fique parado por dois anos ou mais. Antes da reforma havia a possibilidade de as execuções durarem anos intermináveis, mesmo diante de devedores sem a menor expectativa de cobrança.

Porém, não significa que uma execução trabalhista terá que ser finalizada em dois anos, de modo a ser extinta por conta da prescrição intercorrente. Repare que a prescrição intercorrente somente será aplicada caso o exequente deixar de cumprir alguma determinação do juiz no curso do processo de execução, seja para buscar informações, seja para se manifestar sobre o resultado das buscas por ativos financeiros ou bens do executado. Assim, somente na inércia do credor, é que se consumará a prescrição intercorrente no processo do trabalho.

Isso significa dizer que a reforma veio atacar aqueles processos de execução sem esperança, onde a empresa já não está mais na ativa, não havendo patrimônio da pessoa jurídica nem dos seus antigos sócios, inexistindo recursos financeiros passíveis de bloqueio, nem bens penhoráveis.

Tal previsão no processo do trabalho gera um risco: sabe-se que no Brasil a quantidade de fraudes é enorme, onde empresas fraudulentas iniciam as suas atividades sem a menor garantia dos eventuais passivos, colocando em risco uma cadeia de credores, sejam eles os trabalhadores, o fisco, fornecedores e prestadores de serviços diretos e indiretos. Nessa linha fica o credor trabalhista, o qual ganha a ação, mas não leva o prêmio para casa.

Muitas ações trabalhistas demoram anos e anos, mas depois de muito tempo encontram solução, às vezes pela via conciliatória, por meio dos sócios antigos que resolvem limpar o nome para continuar empreendendo ou simplesmente para se livrarem do encargo, ou pelo encontro de bens passíveis de penhora e capazes de satisfazer os créditos exequendos. Por isso que a prescrição intercorrente, em alguns casos, criará um obstáculo para o alcance do crédito trabalhista, pois em determinadas situações a efetividade da execução leva tempo.

Quanto a sua forma, poderá a prescrição intercorrente ser aplicada *ex ofício* pelo juiz da execução, pelos tribunais regionais ou pelo Tribunal Superior do Trabalho, quando constatado o abandono do credor ou a sua inércia quanto a alguma manifestação ou providência que deveria tomar por força de uma ordem judicial. O juiz estará limitado a essa situação, não podendo aplicar o instituto da prescrição intercorrente apenas pelo tempo em si, mas necessariamente pela inércia do exequente. Todavia, deverá o magistrado proporcionar o contraditório às partes do processo, antes de declarar a prescrição intercorrente, por força dos artigos 9º, 10 e 921 do CPC, aplicados subsidiariamente ao processo do trabalho (art. 769 da CLT e art. 15 do CPC):

> Art. 9º Não se proferirá decisão contra uma das partes sem que ela seja previamente ouvida. Parágrafo único. O disposto no caput não se aplica:
> I - à tutela provisória de urgência;
> II - às hipóteses de tutela da evidência previstas no art. 311, incisos II e III;
> III - à decisão prevista no art. 701.
> Art. 10. O juiz não pode decidir, em grau algum de jurisdição, com base em fundamento a respeito do qual não se tenha dado às partes oportunidade de se manifestar, ainda que se trate de matéria sobre a qual deva decidir de ofício.
> Art. 921. Suspende-se a execução:
> [...]
> § 4º Decorrido o prazo de que trata o § 1º sem manifestação do exequente, começa a correr o prazo de prescrição intercorrente.
> § 5º O juiz, depois de ouvidas as partes, no prazo de 15 (quinze) dias, poderá, de ofício, reconhecer a prescrição de que trata o § 4º e extinguir o processo.

Outra forma é a requerimento da parte contrária, no caso o interessado pela extinção do processo de execução: o executado. Este poderá alegar a prescrição intercorrente pelos mesmos motivos que o juiz está autorizado a aplicar: inércia do exequente, e apenas por isso.

Em qualquer das hipóteses acima, a prescrição intercorrente poderá ser requerida e/ou declarada em qualquer grau de jurisdição, desde que estejamos na fase de execução de sentença trabalhista.

No entanto, cabe mencionar que a análise da aplicação da prescrição intercorrente no processo do trabalho não é objetiva. Daí resulta a ineficácia da súmula 114 do TST e 327 do STF, pois ambas tratam a matéria sob o prisma da objetividade. Para se aplicar tal prescrição na execução trabalhista, tem-se que analisar subjetivamente o motivo da inércia do credor, isto é, a determinação dada ao credor é possível e está ao seu alcance fazê-la? Se a resposta for positiva e o exequente nada fez, aplica-se a prescrição intercorrente do § 1º do art. 11-A da CLT. Se a resposta for negativa, deixa-se de aplicá-la, por impossibilidade de se exigir algo que está fora do alcance ou da capacidade da parte.

Dessa forma, não será toda determinação judicial descumprida que incidirá a prescrição intercorrente, mas apenas àquelas que sejam de exclusiva providência do credor e desde que este tenha condições reais de cumpri-la.

Quanto ao prazo, temos que o seu início se dá a partir do término do prazo determinado pelo juízo. Se o exequente teve dez dias úteis para cumprir a determinação do juízo e nada o fez, mantendo-se inerte, a partir do décimo primeiro dia inicia-se o prazo bienal prescritivo.

16.22. PROTESTO E INCLUSÃO DO DEVEDOR NOS ÓRGÃOS DE PROTEÇÃO AO CRÉDITO E BNDT

Sobre o tema, o TST já reconhecia a aplicabilidade do CPC ao processo do trabalho, conforme podemos notar no art. 17:

> Sem prejuízo da inclusão do devedor no Banco Nacional de Devedores Trabalhistas (CLT, art. 642-A), aplicam-se à execução trabalhista as normas dos artigos 495, 517 e 782, §§ 3º, 4º e 5º do CPC, que tratam respectivamente da hipoteca judiciária, do protesto de decisão judicial e da inclusão do nome do executado em cadastros de inadimplentes.

Assim, a decisão judicial transitada em julgado poderá ser levada a protesto, nos termos da lei, depois de transcorrido o prazo para pagamento voluntário previsto no art. 523 do CPC, o qual estabelece 15 dias.

Antes da reforma esse prazo era de 48 horas, prazo estipulado pelo art. 880 da CLT para o executado pagar ou garantir o juízo. Lembrando que, uma vez quitada a dívida ou garantida a execução, o executado não poderá ter seu nome incluído nos cadastros de proteção ao crédito (SPC e SERASA), no BNDT, e a decisão não poderá ser levada a protesto. No caso do protesto, apenas o pagamento integral da dívida permite o cancelamento do mesmo, conforme determina o art. 517, § 4º, do CPC.

Porém, o legislador da reforma quis alongar o prazo de 15 para 45 dias, contados da citação do executado. Portanto, somente após o transcurso desse prazo é que o executado poderá ser incluído no cadastro de devedores trabalhistas e nos órgãos de proteção ao crédito, além da decisão poder ser levada a protesto.

Tais medidas visam, na prática, causar limitação ao executado, restringindo a sua liberdade de contratar com a Administração Pública ou contratar com instituições financeiras, o que pode acarretar muitos transtornos ao devedor. Isso facilita a rápida e eficaz resolução da lide.

Há quem defenda a inconstitucionalidade desse dispositivo, haja vista o longo prazo de 45 dias mencionado acima, ao argumento de que não se trata de prazo razoável, ofendendo o princípio da razoável duração do processo, além de afrontar o princípio da isonomia, pois os créditos de natureza cível possuem prazo três vezes menor (15 dias).

EXERCÍCIOS DE FIXAÇÃO

01. (FCC – 2022 – TRT 14ª Região RO e AC – Analista Judiciário – Área Judiciária) Na execução trabalhista em que é executada a Creche Abraça Coração, entidade filantrópica, o Juiz do Trabalho homologou os cálculos de liquidação do exequente no valor de R$ 10.000,00. Após fazer uso do bloqueio on-line de contas, foi penhorado o valor de R$ 1.000,00, tendo interesse a executada em interpor embargos à execução. De acordo com a CLT, a

A) executada poderá interpor os embargos à execução imediatamente, pois a exigência da garantia da execução ou penhora de bens no valor do débito não se aplica às entidades filantrópicas.

B) executada poderá interpor os embargos à execução imediatamente, desde que faça um depósito judicial ou nomeie bens à penhora no valor dos R$ 9.000,00 faltantes para garantia da execução.

C) exequente deve informar ao Juízo meios para prosseguimento da execução e perseguir a constrição dos R$ 9.000,00 faltantes e, somente após ter conseguido, a executada poderá ingressar com os embargos à execução.

D) executada poderá ingressar com os embargos à execução imediatamente em relação à penhora dos R$ 1.000,00. Havendo, porventura, a penhora de novos valores ou bens, deverá ingressar com novos embargos à execução.

E) executada poderá interpor os embargos à execução imediatamente, desde que faça um depósito judicial ou nomeie bens à penhora no valor de R$ 4.000,00, uma vez que as entidades filantrópicas devem garantir a execução na porcentagem de 50% do valor do débito.

02. (FGV – 2022 – TRT 16ª Região MA – Analista Judiciário - Área Judiciária) Uma empresa de construção civil localizada em Balsas/MA é executada numa reclamação trabalhista pelo valor de R$ 50.000,00, tendo sido citada por oficial de justiça para pagar a dívida em 48 horas. A empresa em questão está com os seus ativos concentrados em 2 projetos de engenharia, daí porque não deseja se descapitalizar neste momento, e deseja uma alternativa para garantir o juízo e discutir os cálculos, pois tem absoluta certeza que o valor homologado judicialmente é superior ao devido. Diante da situação retratada e do que dispõe a CLT, assinale a afirmativa correta.

A) A empresa poderá apresentar seguro-garantia judicial no valor de R$ 65.000,00 para garantir o juízo.

B) O seguro-garantia judicial é possível apenas em relação à parcela incontroversa, pois a controversa deverá ser depositada em espécie.

C) A executada poderá apresentar seguro-garantia judicial no valor de R$ 50.000,00 para garantir o juízo.

D) A empresa deverá depositar o valor do débito ou apresentar bens à penhora, pois na seara trabalhista não é possível o uso de seguro-garantia judicial.

E) A empresa devedora poderá apresentar seguro-garantia judicial, mas no valor do dobro da dívida exequenda.

170 PROCESSO DO TRABALHO

» GABARITO

01. A
02. A

17 EXPROPRIAÇÃO PATRIMONIAL

17.1. CONCEITO

O conceito de expropriação patrimonial está vinculado ao ato de expropriar ou desapropriar de forma definitiva o bem de pessoas jurídicas ou físicas em decorrência de uma dívida judicial.

A expropriação de bens do devedor pode ocorrer de diferentes formas, como nos esclarece o art. 825 do CPC: adjudicação, alienação em hasta pública ou alienação particular.

Inclusive, é possível a expropriação de bem imóvel que permita a cômoda divisão, podendo o juiz determinar a alienação de parte do bem, correspondente a parte que pertence ao devedor, conforme autoriza o art. 894 do CPC.

17.2. REMIÇÃO

Remição consiste no pagamento direto pelo devedor para liberar o bem constrito e resolver o processo de execução. Isso porque, o devedor poderá a qualquer momento remir a dívida integralmente, desde que faça isso antes da assinatura do auto de arrematação ou de adjudicação.

Porém, a remição surtirá o efeito desejado pelo devedor (liberação dos bens constritos) apenas se este pagar valor igual ao da condenação, incluindo todas as despesas processuais e de sucumbência.

O prazo para remir está relacionado ao momento processual correto, isto é, antes da assinatura do auto de arrematação ou de adjudicação, conforme prevê o art. 826 do CPC: "Antes de adjudicados ou alienados os bens, o executado pode, a todo tempo, remir a execução, pagando ou consignando a importância atualizada da dívida, acrescida de juros, custas e honorários advocatícios."

Uma vez ocorrendo a remição, a execução de sentença se dará satisfeita e o processo será encerrado.

17.3. ADJUDICAÇÃO

Adjudicação é a incorporação, pelo credor, de bem constrito do devedor que seria levado a hasta pública.

O CPC trata do tema no art. 876, dizendo que "é lícito ao exequente, oferecendo preço não inferior ao da avaliação, requerer que lhe sejam adjudicados os bens penhorados."

O direito à adjudicação deve ser exercido antes da realização do leilão e o valor a ser considerado deve ser o valor da avaliação judicial. Todavia, caso o exequente queira adjudicar o bem após a arrematação, ele poderá fazê-lo, desde que requeira ao juiz formalmente no processo antes da assinatura do respectivo auto de arrematação.

O art. 888 da CLT trata do assunto, ao dizer que "concluída a avaliação, dentro de dez dias, contados da data da nomeação do avaliador, seguir-se-á a arrematação, que será anunciada por edital afixado na sede do juízo ou tribunal e publicado no jornal local, se houver, com a antecedência de vinte (20) dias."

O exequente terá preferência para adjudicar o bem constrito, por determinação expressa do § 1º do art. 888 da CLT: "A arrematação far-se-á em dia, hora e lugar anunciados e os bens serão vendidos pelo maior lance, tendo o exequente preferência para a adjudicação."

17.4. HASTA PÚBLICA

O art. 888 da CLT e os artigos 887, §§ 2º e 3º do CPC estabelecem que a hasta pública deverá ser amplamente divulgada, em edital de publicação e na rede mundial de computadores, em sítio designado pelo juízo da execução, e conterá descrição detalhada e, sempre que possível, ilustrada dos bens, informando expressamente se o leilão se realizará de forma eletrônica ou presencial.

Não sendo possível a publicação na rede mundial de computadores ou considerando o juiz, em atenção às condições da sede do juízo, que esse modo de divulgação é insuficiente ou inadequado, o edital será afixado em local de costume e publicado, em resumo, pelo menos uma vez em jornal de ampla circulação local. (§ 3º do art. 887 do CPC).

O edital do leilão deverá conter as seguintes informações, por força do art. 886 do CPC:

> I - a descrição do bem penhorado, com suas características, e, tratando-se de imóvel, sua situação e suas divisas, com remissão à matrícula e aos registros;

II - o valor pelo qual o bem foi avaliado, o preço mínimo pelo qual poderá ser alienado, as condições de pagamento e, se for o caso, a comissão do leiloeiro designado;

III - o lugar onde estiverem os móveis, os veículos e os semoventes e, tratando-se de créditos ou direitos, a identificação dos autos do processo em que foram penhorados;

IV - o sítio, na rede mundial de computadores, e o período em que se realizará o leilão, salvo se este se der de modo presencial, hipótese em que serão indicados o local, o dia e a hora de sua realização;

V - a indicação de local, dia e hora de segundo leilão presencial, para a hipótese de não haver interessado no primeiro;

VI – menção da existência de ônus, recurso ou processo pendente sobre os bens a serem leiloados.

O executado deverá ter ciência do dia, hora e local da alienação judicial, sendo intimado por meio do seu advogado ou, caso não tenha procurador constituído nos autos, deverá ser cientificado por carta registrada.

O coproprietário do bem indivisível penhorado também deverá ser cientificado, caso tenha sido penhorado a fração ideal do devedor.

Não se realizando o leilão por qualquer motivo, o juiz mandará publicar nova data para realização do ato.

17.4.1. ARREMATAÇÃO

De forma objetiva, arrematar significa comprar um bem de um devedor judicial por meio de um processo de venda realizado pela Justiça, por meio de praça ou leilão.

Ao mesmo tempo, de um lado alguém é expropriado do seu bem por conta de dívida judicial, e de outro alguém adquire uma propriedade.

O arrematante deverá garantir o lance com o sinal correspondente a 20% do valor do bem arrematado. (§ 2º do art. 888 da CLT).

Não havendo licitante, e não requerendo o exequente a adjudicação dos bens penhorados, os bens poderão ser vendidos por leiloeiro nomeado pelo juiz, conforme autoriza o § 3º do art. 888 da CLT.

O arrematante terá o prazo de 24 horas para pagar o preço da arrematação, sob pena de perder o sinal de 20% do valor do bem arrematado. Está "penalidade" está prevista no § 4º do art. 888 da CLT.

Vale lembrar que o exequente poderá arrematar o bem pelo preço da avaliação, mas se o valor do bem exceder ao valor do seu crédito, o exequente deverá depositar a diferença em três dias, sob pena de desfazimento da arrematação e pagamento das despesas decorrentes da realização de nova hasta pública.

17.4.2. PREÇO VIL E LANCE MÍNIMO

Preço vil é aquele inferior ao mínimo estipulado pelo juiz e constante do edital, e, não tendo sido fixado preço mínimo, considera-se vil o preço inferior a cinquenta por cento do valor da avaliação. (art. 891, parágrafo único, do CPC).

Quanto ao lance mínimo, cada vara do trabalho estipula o lance mínimo para cada bem, pois a CLT não traz um valor mínimo a ser considerado para o lance inicial. Tal prática encontra amparo no art. 885 do CPC, o qual aduz que "o juiz da execução estabelecerá o preço mínimo, as condições de pagamento e as garantias que poderão ser prestadas pelo arrematante."

17.4.3. PROIBIÇÃO DE ARREMATAÇÃO

Todo aquele que estiver na livre administração de seus bens poderá oferecer lance. Porém, a lei proíbe com que determinadas pessoas deem lances, como aquelas previstas no art. 890 do CPC:

I - dos tutores, dos curadores, dos testamenteiros, dos administradores ou dos liquidantes, quanto aos bens confiados à sua guarda e à sua responsabilidade;

II - dos mandatários, quanto aos bens de cuja administração ou alienação estejam encarregados;

III - do juiz, do membro do Ministério Público e da Defensoria Pública, do escrivão, do chefe de secretaria e dos demais servidores e auxiliares da justiça, em relação aos bens e direitos objeto de alienação na localidade onde servirem ou a que se estender a sua autoridade;

IV - dos servidores públicos em geral, quanto aos bens ou aos direitos da pessoa jurídica a que servirem ou que estejam sob sua administração direta ou indireta;

V - dos leiloeiros e seus prepostos, quanto aos bens de cuja venda estejam encarregados;

VI - dos advogados de qualquer das partes.

17.4.4. PREFERÊNCIAS NA ARREMATAÇÃO

Se o leilão for de diversos bens e houver mais de um lançador, terá preferência aquele que se propuser a arrematá-los todos, em conjunto, oferecendo, para os bens que não tiverem lance, preço igual ao da avaliação e, para os demais, preço igual ao do maior lance que, na tentativa de arrematação individualizada, tenha sido oferecido para eles. (art. 893 do CPC).

17.4.5. AUTO DE ARREMATAÇÃO

Diz o art. 901 do CPC que "a arrematação constará de auto que será lavrado de imediato e poderá abranger bens penhorados em mais de uma execução, nele mencionadas as condições nas quais foi alienado o bem."

A ordem de entrega do bem móvel ou a carta de arrematação do bem imóvel, com o respectivo mandado de imissão na posse, será expedida depois de efetuado o depósito ou prestadas as garantias pelo arrematante, bem como realizado o pagamento da comissão do leiloeiro e das demais despesas da execução. (§ 1º do art. 901 do CPC).

A carta de arrematação conterá a descrição do imóvel, com remissão à sua matrícula ou individuação e aos seus registros, a cópia do auto de arrematação e a prova de pagamento do imposto de transmissão, além da indicação da existência de eventual ônus real ou gravame. (§ 2º do art. 901 do CPC).

A arrematação será de fato formalizada após a assinatura do autor de arrematação no prazo de 24 horas, contados da realização da hasta pública. Lembrando que dentro desse prazo o devedor poderá remir a dívida e liberar o bem, conforme autoriza o art. 826 do CPC.

O auto de arrematação deverá ser assinado pelo juiz, pelo arrematante e pelo leiloeiro. Após isso, a arrematação estará concluída e teremos um ato jurídico perfeito.

Depois que o juiz expedir a carta de arrematação, qualquer alegação de invalidade do ato de expropriação somente poderá ser levantada em ação autônoma, devendo o arrematante figurar como litisconsortes necessário. (§ 4º do art. 903 do CPC).

O arrematante poderá desistir da arrematação, sendo-lhe imediatamente devolvido o depósito que tiver feito, nas seguintes situações previstas no § 5º do art. 903 do CPC:

× Se provar, nos dez dias seguintes, a existência de ônus real ou gravame não mencionado no edital;

× Se, antes de expedida a carta de arrematação ou a ordem de entrega, o executado alegar invalidade da arrematação, ineficácia ou se não for pago o preço ou se não for prestada a caução.

× Uma vez citado para responder a ação autônoma que almeja a invalidade da arrematação, desde que apresente a desistência no prazo de que dispõe para responder a essa ação.

17.5. ALIENAÇÃO POR INICIATIVA PARTICULAR

Não efetivada a adjudicação, o exequente poderá requerer a alienação por sua própria iniciativa ou por intermédio de corretor ou leiloeiro público credenciado perante o órgão judiciário. (art. 880 do CPC).

Ao assim proceder, sendo deferido o pedido, o juiz fixará prazo para efetivação da alienação particular, a forma de publicidade e o preço mínimo. As condições de pagamento e garantias e as comissões de corretores ou leiloeiros também será definido pelo juiz, conforme autoriza o § 1º do art. 880 do CPC.

A alienação será formalizada por termo nos autos, com a assinatura do juiz, do exequente, do adquirente e, se estiver presente, do executado, expedindo-se: I - a carta de alienação e o mandado de imissão na posse, quando se tratar de bem imóvel; II - a ordem de entrega ao adquirente, quando se tratar de bem móvel. (§ 2º do art. 880 da CLT).

Caso a alienação por iniciativa particular não seja efetivada, a alienação será promovida em leilão judicial.

+ EXERCÍCIOS DE FIXAÇÃO

01. (Banca TRT 2ª Região SP – 2016 – TRT 2ª Região SP – Juiz do Trabalho Substituto) Em se tratando da expropriação dos bens do devedor, considerando a legislação vigente, analise as seguintes proposições:

I.   Se o arrematante, ou seu fiador, não pagar no quinquídio legal o preço da arrematação, perderá, em benefício da execução, o sinal, voltando à praça os bens executados.

II. Não havendo licitante, e não requerendo o exequente a remição dos bens penhorados, poderão os mesmos ser vendidos por leiloeiro nomeado pelo juiz ou presidente.

III. O arrematante deverá garantir o lance com sinal de 20% (vinte por cento) do seu valor e se não efetuar o pagamento dentro de 24 (vinte e quatro) horas do preço da arrematação, perderá esse sinal, em benefício da execução, voltando à praça os bens penhorados.

IV. É lícito ao exequente requerer que lhe sejam adjudicados os bens penhorados, podendo oferecer preço inferior ao da avaliação.

V.   Aos trâmites e incidentes do processo da execução são aplicáveis, naquilo em que não contravierem as normas especificas da CLT, os preceitos que regem o processo dos executivos fiscais para a cobrança judicial da dívida ativa da Fazenda Pública Federal.

Responda:

A) Somente as proposições III e IV estão corretas.

B) Somente as proposições II e V estão corretas.

C) Somente as proposições I,III e IV estão incorretas.

D) Somente as proposições I,II e IV estão incorretas.

E) Somente as proposições II,III e V estão incorretas.

02. (TRT 8ª Região PA e AP – 2014 – TRT 8ª Região PA e AP – Juiz do Trabalho) Sobre a arrematação, é CORRETO afirmar que:

A) No caso de arrematação a prazo, os pagamentos feitos pelo arrematante pertencerão ao exequente até o limite de seu crédito, e os subsequentes ao executado, por isso sendo, neste último caso, defeso ao Juiz trabalhista, de ofício, promover abandamento do crédito subsequente para outros processos em execução nos quais ainda não haja garantia do Juízo pelo mesmo devedor.

B) O exequente, se vier a arrematar os bens, não estará obrigado a exibir o preço; mas, se o valor dos bens exceder o seu crédito, depositará, dentro de 3 (três) dias, a diferença, sob pena de ser tornada sem efeito a arrematação e perderá, em benefício da execução, o sinal e, neste caso, os bens serão levados a nova praça ou leilão à custa do exequente.

C) Se a praça ou o leilão for de diversos bens e houver mais de um lançador, será preferido aquele que se propuser a arrematá-los englobadamente, oferecendo para os que não tiverem licitante preço igual ao da avaliação e para os demais o de maior lanço.

D) Assinado o auto pelo juiz, pelo arrematante e pelo serventuário da justiça ou leiloeiro, a arrematação considerar-se-á perfeita, acabada e irretratável, ainda que venham a ser julgados procedentes os embargos do executado, sendo precluso o requerimento do arrematante, nos 05 dias subsequentes, para torná-la sem efeito, sob a alegação de existência de ônus real ou de gravame no edital.

E) Quando não fora requerida a adjudicação, é possível a venda antecipada do bem penhorado, com dispensa do edital de hasta pública, desde que o valor dos bens penhorados não exceder 30 (trinta) vezes o valor do salário-mínimo vigente na data da avaliação.

+ EXERCÍCIOS DE FIXAÇÃO

01. D
02. C

18 PROCEDIMENTOS ESPECIAIS

18.1. HOMOLOGAÇÃO DE ACORDO EXTRAJUDICIAL

A homologação de acordo extrajudicial está prevista no art. 855-B ao 855-E da CLT.

A lei 13.467/2017 acrescentou um capítulo novo ao texto da CLT (III-A), permitindo com que as partes possam, extrajudicialmente, chegarem a um acordo e requererem ao juiz que homologue a avença. Trata-se de jurisdição voluntária para homologação de acordo firmado extrajudicialmente.

Isso já estava previsto no art. 725, VIII, do CPC: "homologação de autocomposição extrajudicial, de qualquer natureza ou valor." Matéria esta que já deveria ser aplicada ao processo do trabalho por força do art. 769 da CLT e art. 15 do CPC, haja vista a omissão da legislação trabalhista a esse respeito.

Entretanto, muita resistência de magistrados trabalhistas sempre impediu tal prática no processo do trabalho. Ocorre que a matéria resta pacificada por força de lei, pois claramente o art. 855-B e seguintes permitem tal prática, o que ao nosso ver é uma grande evolução em termos de resolução de conflitos, primando pelo princípio básico da conciliação (art. 764) e solução consensual de conflitos que norteiam o processo do trabalho.

Esse procedimento evitará as famosas lides forjadas, onde autor e réu brincavam de faz de contas no processo do trabalho, apenas para formalizarem um acordo já realizado e devidamente quitado, obtendo-se, assim, a garantia da homologação judicial.

Para reforçar que a competência para homologar o acordo extrajudicial é do juiz de primeiro grau, o legislador da reforma fez questão de inserir a alínea *f* ao art. 652 da CLT: "Compete às Juntas de Conciliação e Julgamento: [...] decidir quanto à homologação de acordo extrajudicial em matéria de competência da Justiça do Trabalho."

EDGAR HERZMANN   179

Desse modo, o juiz do trabalho poderá homologar qualquer acordo extrajudicial, desde que se trate de matéria trabalhista, evidentemente.

Requisito fundamental para o juiz analisar e homologar o acordo é a formalização do pedido em conjunto (empregado e empregador), porém, devidamente assinado por advogados diferentes, pois o § 1º do art. 855-A veda a representação das partes pelo mesmo patrono, sendo que o empregado poderá ser assistido por advogado do seu sindicato.

No tocante à petição de que trata o art. 855-B, entendemos que este deverá seguir os moldes do **art. 840**, § 1º, da CLT, devendo constar a qualificação completa das partes, a exposição fática que levou ao pedido, o pedido e o valor exato e liquidado das verbas acordadas. Dessa forma, não há como se formular pedido de **quita**ção genérico, mas apenas dos pedidos constantes no acordo, os quais deverão ser **certos e determinados.**

Além disso, as partes deverão informar o período exato do contrato de trabalho e comprovar o pagamento da multa de 40% sobre o FGTS.

Importante esclarecer que, na hipótese de o acordo versar sobre verbas rescisórias, o acordo e o pedido de homologação perante o juiz não impedem a incidência dos §§ 6º e 8º do art. 477 da CLT. Assim, o empregador deverá entregar ao empregado os documentos que comprovem a comunicação da extinção contratual aos órgãos competentes bem como o pagamento dos valores constantes do instrumento de rescisão ou recibo de quitação em até dez dias contados a partir do término do contrato, sob pena de pagamento de multa no importe de um salário do empregado.

Ainda, insta destacar que o juiz não está obrigado a homologar o acordo, podendo rejeitá-lo total ou parcialmente, sendo perfeitamente possível a interposição de recurso ordinário, no prazo legal, tendo em vista que se trata de decisão terminativa do feito.

Por fim, defendemos a tese de que o acordo extrajudicial poderá dar ampla, geral e irrestrita quitação ao contrato de trabalho, não permitindo com que o empregado reclame qualquer verba de natureza trabalhista, inclusive a título de danos morais e materiais, conforme já ocorre quando as partes fazem acordo perante o juízo, em audiência.

18.1.1. PROCEDIMENTO:

O procedimento pretendido pelo legislador é célere. Assim, a distribuição da petição inicial deve ser imediata e o juiz deverá:

a. Examinar os requisitos da petição inicial previstos no § 1º do art. 840 da CLT;

b. Identificar se há pedido certo e determinado, com a indicação exata dos valores do acordo, com as verbas devidamente discriminadas conforme cada rubrica;

c. Verificar a necessidade de ouvir as partes, designando audiência;

d. O juiz poderá nesse ínterim, requerer a apresentação de documentos que julgar pertinente para auxiliá-lo na apreciação do pedido;

e. Caso o juiz julgue se tratar de matéria que afeta o interesse público, este deverá intimar o MPT para manifestação;

f. Estando a petição e o pedido em conformidade com os requisitos legais, bem como verificando a plena satisfação quanto a qualquer outra questão de caráter formal, deverá o juiz proferir sentença homologando ou não o acordo;

g. Em caso de homologação o juiz deverá declarar a quitação das parcelas discriminadas no acordo e do contrato de trabalho, caso haja pedido nesse sentido;

h. Em caso de não homologação, as partes devem recorrer conjuntamente, por meio de recurso ordinário, ao tribunal correspondente no prazo legal;

18.1.2. AUDIÊNCIA:

A audiência é uma faculdade do juiz.

Todavia, torna-se prudente designar audiência para ouvir as partes envolvidas, principalmente o empregado.

Caso as partes devidamente intimadas para o ato se mostrem ausentes, não há falar em aplicação das penas legais como arquivamento do pedido de homologação de acordo ou revelia, haja vista que não se trata de um litígio, mas sim um procedimento de jurisdição voluntária.

Porém, pensamos que o juiz poderá constar expressamente na intimação da audiência que, no caso de ausência de qualquer uma das partes, o juízo extinguirá o processo e deixará de homologar o acordo, caso a parte ausente não justifique sua ausência.

O ato acima se mostra pertinente, tendo em vista que, se o juízo entendeu por bem designar audiência para ouvir as partes e dirimir eventuais dúvidas, e uma das partes devidamente intimadas falta injustificadamente, não resta alternativa senão extinguir o processo sem resolução de mérito.

A audiência também servirá para que o juiz possa dialogar com as partes para, antes de indeferir o pedido, possa sugerir mudança nos valores propostos, bem como conversar com as partes sobre pedidos de quitação ampla, geral e irrestrita do contrato de trabalho.

18.1.3. ACORDO COM VÍCIO DE CONSENTIMENTO:

O acordo é um negócio jurídico, e como tal está sujeito a invalidação. Por essa razão, caso haja identificação de qualquer vício jurídico, principalmente vício de consentimento, é dever do julgador negar a homologação do acordo, indeferindo a eficácia liberatória geral do contrato de trabalho, pois tal condição exige acordo válido e regular.

18.1.4. SUSPENSÃO DOS PRAZOS PRESCRICIONAIS:

O disposto no art. 855-E impede prejuízos na demora da prestação jurisdicional, suspendendo os prazos prescricionais bienal e quinquenal.

Em caso de pedido de homologação de acordo que vise a quitação ampla, geral e irrestrita do contrato de trabalho, a suspensão da prescrição abarcará todas as verbas trabalhistas, inclusive aquelas de natureza moral e material.

Vejamos que o referido artigo utiliza da expressão suspensão, ou seja, o prazo não voltará a ser contado do seu início, mas sim do exato ponto onde parou.

Essa suspensão se dará também nos casos de homologação parcial do acordo, tendo em vista persistir o interesse de agir das partes, que poderá ser exercido por meio de recurso ordinário ao tribunal correspondente.

O prazo voltará o seu transcurso normal após o trânsito em julgado da decisão que indeferiu total ou parcialmente o pedido de homologação de acordo extrajudicial.

18.2. INQUÉRITO PARA APURAÇÃO DE FALTA GRAVE

O objetivo do inquérito para apuração de falta grave é identificar a prática de conduta que autorize a resolução do contrato de trabalho de empregado com estabilidade.

O inquérito para apuração de falta grave e proposto, naturalmente, pelo empregador.

Porém, cabe dizer que nem todos os empregados com estabilidade provisória no empregado deverão ser submetidos ao inquérito para

182 PROCESSO DO TRABALHO

apuração de falta grave para então ter seu contrato de trabalho resolvido por justa causa.

Esses são os empregados que a lei obriga a apuração da falta grave por meio de inquérito judicial:

× Dirigentes sindicais (CF, art. 8º, VIII, e Súmula 197 do STF);
× Representantes dos trabalhadores no Conselho Curador do FGTS (Lei n. 8.036/90, art. 3º, § 9º);
× Dirigentes de Cooperativa de Empregados (Lei n. 5.764/71, art. 55);
× Representantes dos trabalhadores no Conselho Nacional de Previdência Social (Lei n. 8.213/91, art. 3º, § 7º);
× Representantes dos trabalhadores nas Comissões de Conciliação Prévia (CLT, art. 625-B, § 1º).

Por outro lado, esses empregados com estabilidade provisória no emprego a lei não exige a submissão ao inquérito para apuração de falta grave:

× Empregado acidentado (Lei n. 8.213/93, art. 118);
× Empregada gestante;
× Empregado membro eleito de CIPA (ADCT, art. 10, II);
× Demais casos de empregado com garantia no emprego.

Todos os casos acima a lei não obriga a instauração de inquérito judicial para apuração de falta grave.

Pois bem, nos termos do art. 853 da CLT, para a instauração do inquérito para apuração de falta grave contra empregado garantido com estabilidade, o empregador apresentará reclamação por escrito, dentro de 30 dias, contados da data da suspensão do empregado.

Ao final do inquérito judicial para apuração de falta grave, caso não fique comprovada a justa causa, o empregador deverá readmitir o empregado acusado e pagar todos os salários, benefícios e vantagens não recebidos durante o período em que o procedimento tramitou.

Lembrando que, no caso de indeferimento do inquérito para apuração de falta grave, o período de afastamento será considerado como causa de interrupção do contrato de trabalho, devendo esse tempo ser considerado como período trabalhado.

Cabe reconvenção no inquérito para apuração de falta grave.

Se não restar comprovada a justa causa do empregado, e ficar evidenciado no processo que a reintegração do empregado estável é desaconselhável, dado o grau de incompatibilidade resultante do dissídio, especialmente quando for o empregador pessoa física, o tribunal do trabalho poderá converter a obrigação de reintegração em indenização substitutiva de todos os salários, benefícios e vantagens não recebidos durante o período de afastamento.

18.3. DISSÍDIO COLETIVO

Destina-se a resolução de conflito trabalhista coletivos, isto é, de toda uma categoria profissional, de competência dos tribunais, que visam a construção de normas coletivas de aplicação geral, garantindo novos direitos.

Os dissídios coletivos podem ser de **natureza econômica**, voltados para a criação de normas, direitos e condições de trabalho. Podem ser de **natureza jurídica**, versando sobre interpretação de cláusulas de acordos ou convenções coletivas de trabalho e sentenças normativas.

Quanto à competência, a instância será instaurada mediante representação escrita ao Presidente do Tribunal Regional do Trabalho. Poderá ser também instaurada por iniciativa do presidente, ou, ainda, a requerimento da Procuradoria da Justiça do Trabalho, sempre que ocorrer suspensão do trabalho. (art. 856 da CLT).

Nos casos de dissídios coletivos de **natureza econômica**, as partes deverão manifestar seu **comum acordo** para o ajuizamento da referida ação, pois se trata de uma exigência expressa da Constituição Federal, em seu art. 114, § 2°: "Recusando-se qualquer das partes à negociação coletiva ou à arbitragem, é facultado às mesmas, de **comum acordo**, ajuizar dissídio coletivo de natureza **econômica**, podendo a Justiça do Trabalho decidir o conflito, respeitadas as disposições mínimas legais de proteção ao trabalho, bem como as convencionadas anteriormente."

Assim, se uma das partes não manifestar sua concordância, o julgador deverá extinguir o processo sem resolução de mérito, por ausência de preenchimento dos pressupostos válidos e regular do processo.

Ao propor um dissídio coletivo, a petição inicial deve vir acompanhada do edital de convocação da assembleia geral dos empregados, ata, lista de presença, informação na ata de que a negociação restou frustrada, norma coletiva anterior, procuração e prova do mútuo consentimento.

Quanto à legitimidade para propor o dissídio coletivo, podemos dizer que, com base no art. 856 da CLT e art. 114, § 2°, da CF/88, são legítimos o sindicato da categoria dos empregados, o sindicato da categoria econômica (empregadores) ou até mesmo empresas, nos casos de acordo coletivo de trabalho.

O Ministério Público do Trabalho poderá ajuizada dissídio coletivo de greve, nos termos do art. 83, VIII, da LC 75/93. Ainda, o § 3º do art. 114 da CF/88 aduz que "em caso de greve em atividade essencial, com possibilidade de lesão do interesse público, o Ministério Público do Trabalho poderá ajuizar dissídio coletivo, competindo à Justiça do Trabalho decidir o conflito."

Quando não houver sindicato representativo da categoria econômica ou profissional, poderá a representação ser instaurada pelas federações correspondentes e, na falta destas, pelas confederações respectivas, no âmbito de sua representação. (parágrafo único do art. 857 da CLT).

A decisão do tribunal sobre o dissídio coletivo resultará numa **sentença normativa**, a qual irá colocar um fim da controvérsia e decidir a norma, direito e obrigações que as partes envolvidas deverão seguir a partir de agora.

Todavia, a sentença normativa cabe **recurso ordinário** ao TST por qualquer das partes e pelo Ministério Público do Trabalho nos casos de homologação de acordo ou nos casos em que for parte (dissídio coletivo de greve).

O recurso ordinário da sentença normativa tem previsão no inciso II do art. 895 da CLT: "das decisões definitivas ou terminativas dos Tribunais Regionais, em processos de sua competência originária, no prazo de 8 (oito) dias, quer nos dissídios individuais, quer nos dissídios coletivos."

18.4. CONSIGNAÇÃO EM PAGAMENTO

O objetivo da ação de consignação em pagamento é o reconhecimento judicial da extinção da obrigação de pagar ou entregar alguma coisa, prevista nos artigos 539 a 549 do CPC.

Como a CLT não traz conceito ou hipóteses de cabimento da ação de consignação em pagamento, o CPC e o Código Civil ajudam a identificar as situações em que cabe a ação.

O art. 334 do Código Civil aduz que será considerado como pagamento o depósito judicial ou em estabelecimento bancário de valor devido, e isso acarretará a extinção da obrigação, nos casos previstos em lei.

Por sua vez, o art. 335 do Código Civil nos informa as situações em que cabe ação de consignação em pagamento:

Art. 335. A consignação tem lugar:

I - se o credor não puder, ou, sem justa causa, recusar receber o pagamento, ou dar quitação na devida forma;

II - se o credor não for, nem mandar receber a coisa no lugar, tempo e condição devidos;

III - se o credor for incapaz de receber, for desconhecido, declarado ausente, ou residir em lugar incerto ou de acesso perigoso ou difícil;

IV - se ocorrer dúvida sobre quem deva legitimamente receber o objeto do pagamento;

V - se pender litígio sobre o objeto do pagamento.

Na esfera processual trabalhista a ação de consignação em pagamento é comum nos casos de pagamento de verbas rescisórias em que a empresa não sabe onde se encontra o empregado. É comum também nos casos de morte do empregado e a empresa não sabe exatamente para quem pagar os valores rescisórios.

O empregado também poderá propor ação de consignação em pagamento, geralmente para devolver algum material, ferramenta ou qualquer outra coisa de propriedade da empresa, quando esta se recusa ou gera dificuldade para receber.

A ação de consignação em pagamento será proposta perante a Justiça do Trabalho, nos termos do art. 114, I, da CF/88.

O autor deverá requerer na petição inicial o depósito da quantia ou da coisa devida, a ser efetivado no prazo de 5 dias contados do deferimento e a citação do réu para levantar o depósito ou oferecer contestação. (art. 542, I e II, do CPC). Caso o autor não efetue o referido depósito, o processo será extinto sem resolução de mérito.

Por sua vez, o réu poderá alegar em contestação que não houve recusa ou mora em receber a quantia ou a coisa devida; que foi justa a recusa; que o depósito não se efetuou no prazo ou no lugar do pagamento; que o depósito não é integral.

Se o réu alegar insuficiência do depósito, o autor poderá completar o depósito no prazo de 10 dias, salvo se corresponder a prestação cujo inadimplemento acarrete a rescisão do contrato, conforme art. 545 do CPC, e o réu poderá requerer o levantamento dos valores depositados, devendo o processo prosseguir quanto aos valores controvertidos.

Julgado procedente o pedido, o juiz declarará extinta a obrigação e condenará o réu ao pagamento de custas e honorários advocatícios. Proceder-se-á do mesmo modo se o credor receber e der quitação. (art. 546 e parágrafo único do CPC).

18.5. MANDANDO DE SEGURANÇA

O mandado de segurança tem previsão expressa na Constituição Federal, em seu art. 5º, LXIX: "conceder-se-á mandado de segurança para proteger direito líquido e certo, não amparado por "habeas-corpus" ou "habeas-data", quando o responsável pela ilegalidade ou abuso de poder for autoridade pública ou agente de pessoa jurídica no exercício de atribuições do Poder Público."

O mandado de segurança pode ser individual ou coletivo e cabe contra ato ilegal praticado por autoridade ou abuso de poder. Equiparam-se às autoridades, os representantes ou órgãos de partidos políticos e os administradores de entidades autárquicas, bem como os dirigentes de pessoas jurídicas ou as pessoas naturais no exercício de atribuições do poder público, somente no que disser respeito a essas atribuições.

A Constituição Federal também prevê a competência da Justiça do Trabalho para julgar mandado de segurança, em seu art. 114, IV: Compete à Justiça do Trabalho processar e julgar: os mandados de segurança, *habeas corpus* e *habeas data*, quando o ato questionado envolver matéria sujeita à sua jurisdição."

É importante destacar que não cabe mandado de segurança nos casos em que cabe recurso próprio previsto em lei. Da mesma maneira que não cabe mandado de segurança contra decisão judicial transitada em julgado (súmula 33 do TST) e quando esgotaram-se todas as possibilidades de recursos.

Da decisão de Tribunal Regional do Trabalho em mandado de segurança cabe recurso ordinário, no prazo de 8 dias, para o Tribunal Superior do Trabalho. (súmula 201 do TST).

A tutela provisória concedida na sentença não comporta impugnação pela via do mandado de segurança, por ser impugnável mediante recurso ordinário. É admissível a obtenção de efeito suspensivo ao recurso ordinário mediante requerimento dirigido ao tribunal, ao relator ou ao presidente ou ao vice-presidente do tribunal recorrido, por aplicação subsidiária ao processo do trabalho do artigo 1.029, § 5º, do CPC. (súmula 414, I, do TST).

No caso de a tutela provisória haver sido concedida ou indeferida antes da sentença, cabe mandado de segurança, em face da inexistência de recurso próprio. (súmula 414, II, do TST).

Não cabe mandado de segurança contra decisão que homologa ou deixa de homologar acordo firmado entre as partes, conforme prevê a súmula 418 do TST.

No mandado de segurança a parte deverá demonstrar seu direito líquido e certo que justifique o seu pedido, por meio de provas pré-constituídas nos autos (documental). Por isso que o TST editou a súmula 415, a qual diz que "Exigindo o mandado de segurança prova documental pré-constituída, inaplicável o art. 321 do CPC quando verificada, na petição inicial do "mandamus", a ausência de documento indispensável ou de sua autenticação."

18.6. **AÇÃO RESCISÓRIA**

A decisão de mérito transitada em julgado pode ser rescindida nos casos previstos no art. 966 do CPC:

> I - se verificar que foi proferida por força de prevaricação, concussão ou corrupção do juiz;
> II – for proferida por juiz impedido ou por juízo absolutamente incompetente;
> III - resultar de dolo ou coação da parte vencedora em detrimento da parte vencida ou, ainda, de simulação ou colusão entre as partes, a fim de fraudar a lei;
> IV - ofender a coisa julgada;
> V - violar manifestamente norma jurídica;
> VI - for fundada em prova cuja falsidade tenha sido apurada em processo criminal ou venha a ser demonstrada na própria ação rescisória;
> VII - obtiver o autor, posteriormente ao trânsito em julgado, prova nova cuja existência ignorava ou de que não pôde fazer uso, capaz, por si só, de lhe assegurar pronunciamento favorável;
> VIII - for fundada em erro de fato verificável do exame dos autos.

Tem legitimidade para propor ação rescisória: quem foi parte no processo ou o seu sucessor a título universal ou singular, o terceiro juridicamente interessado e o Ministério Público nos seguintes casos: a) se não foi ouvido no processo em que lhe era obrigatória a intervenção; b) quando a decisão rescindenda é o efeito de simulação ou de colusão das partes, a fim de fraudar a lei; c) em outros casos em que se imponha sua atuação. (art. 967, I, II e III, do CPC).

Aquele que não foi ouvido no processo em que lhe era obrigatória a intervenção também é parte legítima para propor ação rescisória. (art. 967, IV, do CPC).

É importante lembrar que o ajuizamento da ação rescisória não impede o cumprimento da decisão rescindenda em cumprimento de sentença, salvo se for deferido tutela de urgência para suspender o processo originário. (art. 969 do CPC).

Na ação rescisória, o que se ataca é a decisão, ato oficial do Estado, acobertado pelo manto da coisa julgada. Assim, e considerando que a coisa julgada envolve questão de ordem pública, a revelia não produz confissão na ação rescisória. (súmula 398 do TST).

A parte que propõe a ação rescisória deverá comprovar o trânsito em julgado da decisão rescindenda, conforme determina a súmula 299, I, do TST. Ainda, a comprovação do trânsito em julgado da decisão rescindenda é pressuposto processual indispensável ao tempo do ajuizamento da ação rescisória. Eventual trânsito em julgado posterior ao ajuizamento da ação rescisória não reabilita a ação proposta, na medida em que o ordenamento jurídico não contempla a ação rescisória preventiva. (súmula 299, III, do TST).

Em se tratando de rescisória de rescisória, o vício apontado deve nascer na decisão rescindenda, não se admitindo a rediscussão do acerto do julgamento da rescisória anterior. Assim, não procede rescisória calcada no inciso V do art. 966 do CPC de 2015 (art. 485, V, do CPC de 1973) para discussão, por má aplicação da mesma norma jurídica, tida por violada na rescisória anterior, bem como para arguição de questões inerentes à ação rescisória primitiva. (súmula 400 do TST).

Na ação rescisória a parte deverá estar representada por advogado, conforme aduz a súmula 425 do TST. Cabe lembrar que na ação rescisória cabe a condenação da parte vencida ao pagamento de honorários advocatícios, nos termos da súmula 219, II, do TST.

É incabível ação rescisória para impugnar decisão homologatória de adjudicação ou arrematação em execução de sentença, conforme prevê a súmula 399 do TST.

Por fim, para que a ação rescisória será recebida, a parte deverá comprovar o depósito de 20% do valor da causa, e este valor será convertido em multa em favor do réu, caso a ação seja julgada improcedente.

Da decisão de Tribunal Regional do Trabalho, em ação rescisória, é cabível recurso ordinário para o Tribunal Superior do Trabalho, em face da organização judiciária trabalhista. (súmula 158 do TST).

18.7. AÇÃO CIVIL PÚBLICA

Dispõe o art. 129, III, da CF/88 que é função institucional do Ministério Público promover o inquérito civil e a ação civil pública, para a proteção do patrimônio público e social, do meio ambiente e de outros interesses difusos e coletivos.

No âmbito trabalhista, a Justiça do Trabalho é competente para processar e julgar ação civil pública nos termos do art. 83, III, da LC 75/93, o qual apresenta as atribuições do Ministério Público do Trabalho:

> Art. 83. Compete ao Ministério Público do Trabalho o exercício das seguintes atribuições junto aos órgãos da Justiça do Trabalho: III - promover a ação civil pública no âmbito da Justiça do Trabalho, para defesa de interesses coletivos, quando desrespeitados os direitos sociais constitucionalmente garantidos;

A súmula 736 do STF vem no mesmo sentido: Compete à Justiça do Trabalho julgar as ações que tenham como causa de pedir o descumprimento de normas trabalhistas relativas à segurança, higiene e saúde dos trabalhadores.

A competência da Justiça do Trabalho para julgar ação civil pública vem do art. 114, I e IX, da CF/88 e do art. 83, III, da LC 75/93.

18.8. AÇÃO ANULATÓRIA DE ATOS CONVENCIONAIS

Dispõe o art. 75, IV, da LC 75.93 que o Ministério Público do Trabalho tem legitimidade para "propor as ações cabíveis para declaração de nulidade de cláusula de contrato, acordo coletivo ou convenção coletiva que viole as liberdades individuais ou coletivas ou os direitos individuais indisponíveis dos trabalhadores."

A natureza da ação anulatória de atos convencionais é coletiva, cujo objetivo é a declaração judicial de nulidade de cláusula prevista em norma coletiva (acordo ou convenção coletiva de trabalho).

A mesma ação pode se manejada para requerer a declaração e nulidade de cláusula de contrato individual de trabalho, mas os efeitos abrangerão todos os trabalhadores da empresa.

É cabível em fase de normas que violem as liberdades individuais ou coletivas ou direitos individuais dos trabalhadores de uma determinada categoria ou empresa.

190 PROCESSO DO TRABALHO

+ EXERCÍCIOS DE FIXAÇÃO

01. (FCC – 2022 – TRT 9ª Região PR – Técnico Judiciário – Área Administrativa) Sobre o processo de jurisdição voluntária para homologação de acordo extrajudicial, perante a Justiça do Trabalho,

A) a petição inicial suspende o prazo prescricional da ação quanto aos direitos decorrentes da relação de trabalho.

B) as partes podem ser representadas por advogado comum, desde que pertencente ao sindicato da categoria profissional.

C) o mesmo terá início por petição distribuída pelo reclamante interessado, com a notificação da parte contrária para comparecer à audiência de conciliação.

D) as partes podem pactuar a dilatação do prazo de 10 dias contados do término do contrato para o pagamento dos valores rescisórios mediante esse procedimento.

E) o referido acordo firmado pelas partes não afasta a aplicação da multa a favor do empregado, em valor equivalente ao seu salário, devida pela inobservância do prazo de 10 dias contados do término do contrato para o pagamento dos valores rescisórios.

02. (Instituto Access – 2022 – CELEPAR PR – Advogado Pleno) Fábio é portador de estabilidade sindical e foi demitido sem motivo justificado, pretendendo ser reintegrado de imediato, motivo pelo qual ajuíza reclamação trabalhista, com pedido liminar de reintegração, que foi deferido pelo magistrado, mesmo sem a oitiva da parte contrária e determinada a sua reintegração imediata ao emprego. Um advogado foi procurado pelo empregador para reverter a situação. Analisando a situação hipotética acima narrada, é correto afirmar que deverá

A) ser interposto o recurso de agravo de instrumento.

B) ser impetrado mandado de segurança.

C) ser interposto recurso ordinário.

D) ser interposto recurso de apelação.

E) ser ajuizada ação rescisória.

» GABARITO

01. E

02. B

- editoraletramento
- editoraletramento.com.br
- editoraletramento
- company/grupoeditorialletramento
- grupoletramento
- contato@editoraletramento.com.br
- editoraletramento

- editoracasadodireito.com.br
- casadodireitoed
- casadodireito
- casadodireito@editoraletramento.com.br